北京大学图书馆研究支持服务探索与实践丛书

高校人才评价咨询服务的探索与实践

刘　姝　编著

海洋出版社

2018年 · 北京

图书在版编目（CIP）数据

高校人才评价咨询服务的探索与实践 / 刘姝编著. —北京 ：海洋出版社，2018.4

（北京大学图书馆研究支持服务与实践丛书）

ISBN 978-7-5210-0064-1

Ⅰ.①高… Ⅱ.①刘… Ⅲ.①高等学校-人才培养-研究-中国 Ⅳ.①G649.2

中国版本图书馆 CIP 数据核字（2018）第 055424 号

丛书策划：高显刚

责任编辑：杨海萍　张　欣

责任印制：赵麟苏

海洋出版社　出版发行

http：//www.oceanpress.com.cn

北京市海淀区大慧寺路 8 号　邮编：100081

北京朝阳印刷厂有限责任公司印刷　　新华书店发行所经销

2018 年 11 月第 1 版　2018 年 11 月北京第 1 次印刷

开本：787mm×1092mm　1/16　印张：12.25

字数：188 千字　定价：42.00 元

发行部：62132549　邮购部：68038093　总编室：62114335

海洋版图书印、装错误可随时退换

前　言

人才资源是高校教育事业发展的第一资源，高校间的竞争归根结底是人才的竞争，竞争优势取决于人才的优势。科学做好人才统计工作，准确分析高校人才的数量、质量及发展规律、高校间人才资源的分布、开发和利用状况差异，可为高校确立人才战略、制订人才规划、做出人才队伍建设决策提供基本依据信息，为政府管理和指导高等教育事业发展、协调配置高校间的人才资源提供有力支持。无论在微观管理中，还是在宏观调控中，均具有十分重要的意义。

高校图书馆利用自身的资源、技术和人员优势，开展人才评价咨询服务研究。图书馆可发挥情报服务专业优势，通过制定科学的人才评价指标体系，综合运用文献计量学方法和其他相关方法进行学术量化统计和评价，主动融入一线，拓展图书馆的信息服务领域。

积极开展学科人才发现与评价，深度了解学科人才的学术水平、科研能力及教学状况，积极发掘各学科中的领军人才，提供全面可靠的校内外学科人才信息，为高校的学科建设、人才培养、引进人才、留住人才提供决策依据。密切关注国内外的学科领军人才的流动与变化，科学合理地评价校内现有人才及拟引进的人才，使学校在激烈的人才竞争中处于有利地位。

高等学校的教师人才与高校的教育发展、学生的就业能力、科研能力紧紧联系在一起，越来越受到社会的广泛关注。但是高校面临的问题在于：如果只强调引进人才，不注重对人才的开发与利用，忽略对人才的后继培养，缺乏相应的科研能力培养的机制，使得人才流失越加严重，人才竞争力相较国外高校也会比较低。因此，高校的长远发展需要建立合理的人才培养计划，吸引优秀人才进入高校，并结合社会需求的发展，做好相应的激励补偿计划，以及配套的科研项目，提高教师的科研能力水平，鼓励教师的自主创新，在学科上有所建树，提高高校的人才竞争力，从而提高高校整体的竞争力。

如今我国所面临的大环境要求雄厚的师资力量，并且给予相应的激励措施，提高教师的能动力，发挥教师人才的科学技术贡献率。不管是从外部环境的生源持续减少、国际高校的人才竞争力的挑战、各种科技转化率的发展来看，还是从内部高校教育制度改革、激励措施的改进、投入力度的加大、成就的肯定以及推动来看，都需要从教师人才角度来加强建设，高校一般承担着关系国家创新能力的重要任务，所以提高高校的人才竞争力有助于提高我国整个科技发展的速度与质量，更有研究意义。当前有关国内外高校或者学科排名方面已经有很多学者做了相当多有意义的研究，其中随着经济全球化以及科技发展的不断蔓延，文化、技术、人才的流动不断加强，我国高等学校生存与发展的环境也发生了剧烈的变化，具体表现为：国内高校之间人才的竞争、科研能力的竞争、教育建设成果的竞争，以至于越来越多的面对来自于国外高校对人才的争夺战。随着竞争的不断激化，学校的发展受到了很大影响，接受更加严峻的考验。我国高校所面临的现状分析如下：

（1）外部环境：我国高校现在面临的最大问题是生源的减少，根据新闻调查得知全国高考生源在 2008 年达到历史最高人数——1 050 万，之后就一直处于下降状态，最近两年就下降了 200 万并呈现出加快的趋势。据有关专家分析，如果以这种状态发展，这一趋势能延续至2017到2020年前后，所以生源减少将是高校未来所面临的最大问题。另外，多年的高校扩张计划也会让部分二三线的高校面临生源枯竭的危险，而一线高校也面临一定风险，高校的运行成本非常高，在前几年的疯狂扩招中更是有众多高校通过贷款吸引考生发展自身，一旦生源减少，这些学校的前途何去何从，而且学生所交学费也是高校收入的很大一部分，生源减少将不能和高校的经费的增长构成平衡的比例，一旦失去了支柱，将会动摇高校的整体发展，那么提高教师的整体竞争力更是无从谈起。

（2）内部环境：多年来国内专家一直在研究讨论高校的教育改革，在有关于教师方面的不外乎是激励培养等方面的内容。培养激励教师，发展师资一直以来是高校最为重视但也最为忽视的一项内容，有的高校制度在某种程度上或多或少会遏制教师队伍的发展，比如晋升制度、职称制度、国外交流制度等等，一旦这些做不到公平有效，某些制度的出台也只能成为摆设，而起不到真正的实际的作用，从而形成恶性循环，导致教师积极性不高，从而影响教学水平、科研产出等。

人才作为机构中的主体，其科研能力的高低直接决定着机构的科研力水平和后续的发展能力。图书馆通过提供人才科研力评价服务，能够客观分析研究人员的科研产出和影响力、对比同领域研究人员的水平，激励研究人员的科研热情，促使科研人员辨别自己的优势、劣势，对机构甚至社会整体科研水平的进步具有积极的影响；除此之外，人才科研力评价分析有利于机构识别科研队伍中的优势力量，在科研资源的整合和分配上具有一定的指导作用，使科研资源得到充分的利用。另外，人才科研力评价为人才的职位晋升、薪酬分配以及科研队伍中的优秀人才引进提供了重要的依据。因此，评价分析人才的科研力水平，对于促进机构科研团队的建设、保证机构的持续发展具有十分重要的意义。

本书研究对象主要设定为我国的高校人才。高校本身正在不断研究我国高校人才队伍的发展，深入分辨影响高校人才发展的原因以及找到未来发展的方向，因此对人才评价提供咨询服务也是各个方面都需要的。本书在讨论研究国内外高校对于人才评价咨询服务的基础上，分析高校人才评价咨询需求、介绍如何选择支持人才评价咨询服务的资源和工具，并重点介绍高校人才评价咨询服务内容，总结出人才评价咨询服务的一般流程、分析方法和分析工具、基于量化指标的高校人才评价指标和方法，从而成功构建高校人才评价咨询服务模型和实施框架，并用高校人才评价咨询服务案例对模型进行了实践性检验，为图书馆等情报机构的人才评价咨询服务提供借鉴。

本书终于能够付诸出版，感触良多的不仅是因为一项工作的完成，更多的是自己的写作反映了工作经验和知识积累的全过程。我要感谢所有给予我智慧的伟大的学者们和老师们，我要感谢职业生涯中给予我充满挑战的工作环境，真诚的帮助、启发以及值得回忆和自省的人和事。特别感谢北京大学图书馆的各位领导，师长们兢兢业业、创新进取的工作作风深深地影响了我；感谢北京大学图书馆的同仁们，数年来和你们一起并肩作战，收获良多；感谢参与本书修订、编辑的各位老师，有你们的支持和帮助，本书才能顺利问世；感谢本书中引用的文章、书籍、网络资源的学者们，从你们身上我汲取了很多知识；感谢我亲爱的父母、丈夫、姐姐一家和优秀的儿子，多年来一直在我身边坚定的支持！

本书不妥之处，欢迎读者批评指正。

刘　姝

2017 年 12 月于燕园

目　录

第一章　高校人才评价概述 …………………………………………（1）
第一节　高校人才评价的概念和意义 ………………………………（1）
一、人才的含义 …………………………………………………………（1）
二、高校人才评价的意义 ………………………………………………（2）
第二节　高校人才评价理论基础 ……………………………………（5）
一、高校人才评价理论基础 ……………………………………………（5）
二、人才评价的基本原则 ………………………………………………（9）
三、人才评价方法综述 ………………………………………………（11）
第二章　高校人才评价咨询服务概述 ……………………………（25）
第一节　高校人才评价咨询服务的概念和开展的有利条件 …………（25）
一、开展人才评价研究契合高校图书馆的准确定位 …………………（26）
二、数据资源可保障人才评价的顺利开展 ……………………………（27）
三、图书馆人力资源的可行性 …………………………………………（31）
四、高校图书馆技术装备上的优势 ……………………………………（33）
第二节　高校人才评价咨询服务的研究现状 …………………………（36）

一、上海交通大学图书馆 …………………………………………………………(38)
二、北京大学图书馆 ………………………………………………………………(39)
三、华东师范大学图书馆 …………………………………………………………(40)
四、武汉大学图书馆 ………………………………………………………………(42)
第三章　高校人才评价咨询服务需求分析 ……………………………………(45)
一、一线科研人员对人才评价的需求 ……………………………………………(46)
二、高校决策管理人员对人才评价的需求 ………………………………………(47)
第四章　支持人才评价咨询服务的资源和工具选择 …………………………(50)
第一节　支持人才评价咨询服务的常用数据库介绍 ……………………………(50)
一、Web of Science™ ……………………………………………………………(50)
二、Scopus ………………………………………………………………………(58)
三、CSSCI …………………………………………………………………………(62)
四、CSCD …………………………………………………………………………(70)
第二节　支持人才评价咨询服务的常用工具介绍 ………………………………(75)
一、基本科学指标数据库(Essential Science Indicators) ……………………(75)
二、Journal Citation Reports(期刊引用报告,简称 JCR) ……………………(78)
三、InCites …………………………………………………………………………(82)
四、TDA ……………………………………………………………………………(90)
五、SCIVAL ………………………………………………………………………(93)
六、INNOGRAPHY …………………………………………………………………(98)
七、社会网络分析软件 ……………………………………………………………(104)
八、CALIS 查收引系统 ……………………………………………………………(110)
第五章　高校人才评价咨询服务研究 …………………………………………(115)
第一节　高校人才评价咨询服务内容 ……………………………………………(115)
一、人才评价常规咨询服务 ………………………………………………………(116)
二、人才绩效评价服务 ……………………………………………………………(125)

三、人才竞争力分析服务 ………………………………………………………… (133)
四、人才评价衍生服务 ……………………………………………………………… (137)
第二节　基于量化指标的高校人才评价方法 ………………………………… (139)
一、高校人才评价指标体系的原则及特性 ………………………………… (139)
二、建立高校人才评价指标体系 ……………………………………………… (142)
第三节　高校人才评价咨询服务模型 ………………………………………… (151)
第六章　高校人才评价咨询服务案例研究 ……………………………… (159)
第一节　服务案例背景 …………………………………………………………… (159)
第二节　服务模型实施 …………………………………………………………… (161)
一、提出委托 ……………………………………………………………………… (161)
二、组织服务团队 ………………………………………………………………… (161)
三、初步沟通 ……………………………………………………………………… (161)
四、制定实施方案 ………………………………………………………………… (162)
五、结果与分析 …………………………………………………………………… (171)
六、整理完善人才评价咨询报告 ……………………………………………… (171)
第三节　问题和解决方案 ………………………………………………………… (172)
第七章　展望 ……………………………………………………………………… (175)
一、立足优势，实时对接需求 ………………………………………………… (176)
二、精益求精，建立服务规范 ………………………………………………… (177)
三、统筹规划，完善服务机制 ………………………………………………… (178)
四、协同开拓，融入核心工作 ………………………………………………… (180)
五、熟练掌握计量用数据库及计量指标 …………………………………… (181)
六、建立存档机制，建设数据存储系统 …………………………………… (181)
七、加强馆员的针对性培训，培养专业人员 ……………………………… (182)

第一章　高校人才评价概述

第一节　高校人才评价的概念和意义

一、人才的含义

“人才”，即人的才能，也指有才学的人。只要具有一定的知识或技能，能够进行创造性劳动，为推进社会主义物质文明、政治文明、精神文明建设，在建设中国特色社会主义伟大事业中做出积极贡献，都是党和国家的人才。习近平同志在庆祝中国共产党成立 95 周年大会讲话中指出：“我们要以识才的慧眼、爱才的诚意、用才的胆识、容才的雅量、聚才的良方，广开进贤之路，把党内和党外、国内和国外等各方面优秀人才吸引过来、凝聚起来，努力形成人人渴望成才、人人努力成才、人人皆可成才、人人尽展其才的良好局面。”也指出：“我们在科技队伍上也面对着严峻挑战，就是创新型科技人才结构性不足矛盾突出，世界级科技大师缺乏，领军人才、尖子人才不足，工程技术人才培养同生产和创新实践脱节。”可见，人才是社会各种资源中最重要的资源，人才可持续发展是可持续发展战略的基本内容，也是实现可持续发展的根本保障。实施“科教兴国”、“人才强国”战略是人才可持续发展的基础，创造优良的人才成长环境是人才可持续发展的关键，促进人的全面发展是人才可持续发展的最终目标。

1982年，我国首次提出了人才的标准，即“具有中专以上学历和初级以上职称的人员”。这一标准有其必然的历史背景，也起到了积极作用。社会在发展，人才素质的要求在不断提高，这一标准逐渐显露出不够完善的地方。人才是一个发展的概念，需要不断丰富内涵。根据《国家中长期人才发展规划纲要（2010—2020年）》中的人才定义，人才是指具有一定的专业知识或专门技能，进行创造性劳动并对社会做出贡献的人，是人力资源中能力和素质较高的劳动者。人才主要包括党政人才、经营管理人才和专业技术人才，具体还可划分为经营人才、管理人才、技术人才和技能人才。经营人才主要指单位负责人和职能部门负责人；管理人才主要指党政工作的负责人；技术人才主要指具有中级及以上专业技术资格或本科及以上学历的人员；技能人才主要指在生产技能岗位工作，具有高级工及以上技能等级或具有专业技术资格的人员。实践显示，博士里面可能有庸才，工人里面可能有人才。人才的标准不应该仅仅以学历、职称为依据，而要以能力为本，要以市场对人才的认可程度为依据，以能力和业绩的大小为重点，以科研水平的高低为重要参照，把人才置于社会经济发展进程中去考察，以对社会创造的价值大小为判断标准，形成人人讲创造、人人做贡献的社会氛围。[3]

二、高校人才评价的意义

哈佛大学马克雷朗教授于上世纪70年代提出了“能力主义”的理论，这一理论认为能力是“与创造高效业绩挂钩的职务行动特性”，提倡基于能力评价业绩。高校是以脑力为主的智力劳动机构，对高校高层次人才评价主要以能力和业绩为导向，其中能力评价是保证未来取得预期的业绩；业绩评价是检查工作结果和为兑现承诺提供客观依据。

我国从 1998 年启动“高层次创造性人才工程”以来，国家在高校高层次人才队伍建设方面投入了巨大的资金。总体上来说，我国高校学科建设、学术水平与世界先进国家的水平还有比较大的差距，对于国民经济社会发展和科技进步等知识贡献率还比较低，特别是高校教师队伍的整体素质和创新能力还不能适应新的要求，这已经成为制约我国高等学校发展和建设高水平大学和一流大学的瓶颈。[4]

从我国高校发展与社会定位讲，对人才资源开展评价是非常必要的，通过评价，一方面可以保证国家投入的效率和相对安全性，另一方面能够促进高校及其人才资源的进一步发展。

从高校内部人才资源管理的现状看，缺少相对科学和合理的评价制度和措施是长期以来高校内部人才资源管理的薄弱环节，这也是制约高校发展与管理水平提高的主要原因。

高等学校要实现知识创新、培养人才、服务社会的历史使命，必须围绕着学科专业建设的目标和任务，不断探索高层次人才队伍建设的规律；必须以人为本，突破传统、创新变革，快速完成从传统基础人事管理到战略人力资源管理过渡；必须素质至上、能力为先，创建以能力素质模型为基础、绩效管理为手段的岗位聘任、业绩考核管理体系和以绩效管理为核心的评价与激励体系，快速提升学科专业带头人和教学科研骨干的科学研究能力、创新人才培养能力和专业化的教学科研团队管理能力。

对人才的定义不能简单是“学历”加“职称”。面向 21 世纪高校高层次人才需要具备相应的专业知识背景、较强的创新能力、科研能力、一定的组织协调能力、良好的身体条件和心理素质。高校在进行人才队伍建设时，要客观科学地甄别人才、不拘一格地选拔人才、耐心细致地培养人才、真心真情地爱护人才、坚信不疑地使用人才；对高层次人才要有新标准，识别人才也必须有新方法。

建立人才评价标准时要考虑多种因素：

（1）高校特点。高校的首要任务是培养人，因此对人才的首要要求就是是否具有教师应具备的基本条件和“学高身正，师爱为魂，教学相长、教书育人”等优秀的教师品质。

（2）学校类型和定位。各高校层次类别和发展定位不一样，是国际一流、国内一流、国内知名还是有特色、在一定地域有影响的学校，是综合型、多学科、还是有一定特色的学校，是研究型、教学型，还是教学研究型等等，对人才的标准和要求也不一样。

（3）学科专业类型、层次和建设需要。学科专业类型有：理、工、文、管、经、法、农、医等；学科层次有国家重点、省部重点，有博士点、硕士点；学科专业建设的目标有：以国际知名、国内一流、国内有影响、有一定特色和优势等不同要求来确定人才的标准。

（4）要特别重视对各层次人才的不同要求在评价指标中的体现。

目前高校人才评定主要考虑评价对象的学术影响和教学科研成果。应该说，学术影响和教学科研成果是人才的一个基本的必要条件，但绝不是充要条件。在对人才评价的过程中，还应结合高校人才所应承担的任务和发挥的作用，对其综合能力素质进行有针对性的评价。例如针对领军人才、学科带头人、学术骨干，根据其影响力和身兼任务的不同，对其评价也有所不同。

领军人才，其核心任务是带领整个学科的突破性发展。基于这样的任务，不仅求其能在某一领域独树一帜、领先世界，并且要求其能带领团队奋勇争先，勇攀科学高峰。这样的人才除了具有学术的国际影响和前沿作用外，并具有号召力、向心力和凝聚力，是一个或者几个领域的领军人物。对这个层次的人才评价应该从以下方面进行考虑：一是应在学术或技术上学有所长，不仅能够紧跟国际学科和技术发展趋势，还能够及时有效地在国内加以应用推广，其研究成果已初步达到国际先进水平并得到业内广泛认可与好评；二是应具备持续发展的创新力；三是应具备多学科整合能力；四是应具备在某一领域的号召力和凝聚力。

学科带头人，其核心任务是带领团队推动学科建设持续性发展。这个层次的人才要求有学术影响力和团队领导能力，而且特别强调学术成果向生产力的转化，并且要求在这个层次中能产生领军人才。这个层次的人才除了具有学术影响外，还应具有持续发展潜力、对团队的领导能力、对资源的整合能力。对这个层次人才的评价，就应从以下方面进行考虑：一是研究水平高，有持续研究和创新能力，二是具有社会资源的整合能力，能有效地带动整个学科研究成果的推广和转化，三是要考察其相关学术梯队的建设情况，注重其团队协调能力、领导能力、沟通能力等。

学术骨干是学科建设的中坚力量，其作用是协助前两个层次的带头人开展工作并能独立申请承担重大的科研项目。在这一批人中要求能在将来产生领军人才和学科带头人才。这个层次的人才在教学、科研及成果转化方面均应有出色表现，具有较强综合实力，并且发展前景良好。对这个层次人才的评价，应从以下方面进行考虑：一是研究能力强，从智力发展和体力发展上均处于强势的发展阶段；二是团队精神强，能有效地完成团队任务，具有合作和协调意识；三是创新能力强，能迅速接受新思维并能提出独到的见解。[5]

第二节　高校人才评价理论基础

一、高校人才评价理论基础

高校人才开发与培养既关系到高校教学任务的顺利完成，又关系到高校的建设和发展。开发与培养高校的人才，必须从高校人才开发与培养的理论基础入手，提出高校人才开发与培养应采取的对策，姜彤彤等学者对此进行了深入的研究，指出高校人才评价理论基础包括绩效管理理论、效率理论、利益相关理论和全要素生产率理论等。[6]

（一）绩效管理理论

绩效管理是管理员工绩效的一种体系。安斯沃思（1993）和史密斯（1993）认为以雇员为核心的绩效管理发生在组织目标的框架之内，提出了绩效计划、绩效评估和交互反馈形成的行动三步骤循环理论。奎因（1987）设想了计划、管理和评估的三步骤循环过程，在计划阶段明确了为雇员的行动提供指导和初始动力，在评估阶段提倡雇员与管理者共同参与正式会议和关注雇员的发展。威廉姆斯（1998）把绩效管理视为一个管理员工绩效的四部分完整系统：一是为员工确定绩效目标和绩效标准；二是对员工的绩效进行监督和管理、提供反馈和支持、帮助排除障碍；三是对员工的绩效进行考核和评估；四是针对考核结果给员工进行奖励、培训和安置。这种模型共同点是管理者与被管理者应该在对雇员的期望值问题上形成一致认识，提倡员工对组织的直接投入和参与，提出绩效激励是部门管理者的一项职责，而绩效考查则是由管理者和直接工作者共同承担相应的责任，通过对员工工作行为的有效管理，实现员工绩效的提升，最终完成组织目标任务[7]。

（二）效率理论

管理效率并不是一个新的管理理论问题，它是伴随着科学管理的产生而被提出来的，是科学管理的重要内容和基本原则。研究一下管理思想史，会发现，科学管理产生的主要动因是企业（工厂）对管理效率现状不满，产生了新的管理效率的要求和愿望。科学管理的奠基人泰罗，首创科学管理理论的直接原因，就是他对工厂的管理现状不满，认为很多工人做工时在“磨洋工”，在工作时间内远未尽其所能；管理人员没有科学管理的规划，仅凭经验行事，纪律涣散；工厂中劳资关系紧张，充满敌对情绪，相互不协作。归根结底，工厂管理效率低下，急需寻找一种每个工人从事劳动的“最佳方式”和工厂管理工人的最有效率的方法。

泰罗把管理效率作为其科学管理理论追求的基本原则和目标，他认为，工人劳动应当存在一种“最佳”工作方式，管理人员应当去发现、寻求并确定下来“最佳方式”，使工人按照“最佳方式”完成每项工作。具体到生产管理中，管理人员通过观察研究和实验，把工人的每项工作首先分解成一些最简单的要素（如手和臂的动作），对每个分解要素逐一研究，剔除多余要素，把必要的要素重新组合起来，构成工人能够恰当地、最有效率地模范完成工作的最佳方式[8]。

哈林顿·埃默森进一步明确提出管理效率是科学管理的核心，并对管理效率进行了深入研究，提出了12项效率原则。法约尔在对管理过程研究后认为，成功的管理人员如果想保持较高的管理效率，必须在工作中遵循经过验证行之有效的管理原则，他列出了实行分工和专业化、给管理人员权力等14项管理原则。现代管理科学为提高管理效率把最新的科研成果应用于管理活动，特别是统计学和计算机技术的应用，使管理活动最大限度地数学化和模型化，增强了管理活动的客观性、规律性、必然性，极大地提高了管理的效率。

（三）利益相关理论

“利益相关者”这一词最早被提出可以追溯到1984年，弗里曼出版了《战略管理：利益相关者管理的分析方法》一书，明确提出了利益相关者管理理论。利益相关者管理理论是指企业的经营管理者为综合平衡各个利益相关者的利益要求而进行的管理活动。与传统的股东至上主义相比较，该理论认为任何一个公司的发展都离不开各利益相关者的投入或参与，企业追求的是利益相关者的整体利益，而不仅仅是某些主体的利益。

彭罗塞（Penrose）在1959年出版的《企业成长理论》中提出了“企业是人力资产和人际关系的集合”的观念，从而为利益相关者理论构建奠定了基石。直到1963年，斯坦福大学研究所才明确地提出了利益相关者的定义：“利益相关者是这样一些团体，没有其支持，组织就不可能生存。”这个定义在今天看来，是不全面的，它只考虑到利益相关者对企业单方面的影响，并且利益相关者的范围仅限于影响企业生存的一小部分。但是，它让人们认识到，除了股东以外，企业周围还存在其他的一些影响其生存的群体。随后，瑞安曼（Eric Rhenman）提出了比较全面的定义：“利益相关者依靠企业来实现其个人目标，而企业也依靠他们来维持生存。”这一定义使得利益相关者理论成为了一个独立的理论分支。

在此后的30年间，对利益相关者的定义达三十多种，学者们从不同的角度对利益相关者进行定义。其中，以弗里曼（Freeman）的观点最具代表性，他在《战略管理：一种利益相关者的方法》一书中提出：“利益相关者是能够影响一个组织目标的实现，或者受到一个组织实现其目标过程影响的所有个体和群体。”弗里曼的定义，大大丰富了利益相关者的内容，使其更加的完善。显然，弗里曼界定的是广义上的利益相关者，他笼统地将所有利益相关者放在同一层面进行整体研究，给后来的实证研究和实践操作带来了很大的局限性。[9]

克拉克森认为：“利益相关者在企业中投入了一些实物资本、人力资本、财务资本或一些有价值的东西，并由此而承担了某些形式的风险；或者说，他们因企业活动而承受风险。”克拉克森的定义引入了专用性投资的概念，使利益相关者的定义更加具体。国内学者综合了上述的几种观点，认为“利益相关者是指那些在企业的生产活动中进行了一定的专用性投资，并承担了一定风险的个体和群体，其活动能够影响或者改变企业的目标，或者受到企业实现其目标过程的影响”。这一定义既强调了投资的专用性，又将企业与利益相关的相互影响包括进来，应该说是比较全面和具有代表性的。

（四）全要素生产率理论

所谓“全要素生产率”（Total Factor Productivity）的增长，通常叫做技术进步率，系新古典学派经济增长理论中用来衡量纯技术进步在生产中的作用的指标的又一名称，它是以索洛等人为首，从20世纪60年代以来发展的增长核算中，作为长期经济增长来源的一个组成部分。所谓纯技术进步包括知识、教育、技术培训、规模经济、组织管理等方面的改善，但还不能具体化为，或不能归因于，有形的效率更高的资本设备、技巧更高的劳动、肥效更大的土地等生产要素的增加投入量，所以又称为非具体化的技术进步，也被比作天降馅饼。因此，全要素生产率增长率是指全部生产要素（包括资本、劳动、土地，但通常分析时都略去土地不计）的投入量都不变时，而生产量仍能增加的部分。全要素生产率增长率并非所有要素的生产率，“全”的意思是经济增长中不能分别归因于有关的有形生产要素的增长的那部分，因而全要素生产率增长率只能用来衡量除去所有有形生产要素以外的纯技术进步的生产率的增长。[10]

二、人才评价的基本原则

我国社会经济的发展，促进我国高校迅速发展，同时高校对人才的管理成为其成长发展中的重要因素，为顺应社会发展，高校迫切需要建立合理、科学的人才评价体系，实现对人力资源的有效控制。人才评价体系的构建是比较系统的工作，杨国祥等学者通过对人力资源管理的研究，指出构建人才评价体系应把握的5个基本原则，以进一步探讨一下人才评价体系的构建。[3]

（1）整体性原则。在评价过程中要进行全方位、全过程的评价，应从人才的知识、能力、素质等多方面着手，采用诊断性评价、形成性评价和结论性评价相结合的方式，落实评价的整体性。仅从某些方面或某个时点进行评价，既不利于有效开展人才的评价工作，也难以准确衡量评价的效果。因此应本着人才全面发展的观点，根据系统科学原理，统筹策划、科学运作，充分发挥全方位培养人才的功能。

（2）差异性原则。人才培养必须考虑个体发展的客观规律。由于个体之间的兴趣、爱好、观念、思维方式和知识结构等方面呈现多元化特征，所以在创新精神和实践能力培养的过程中，要尽可能运用灵活多样的教育手段来引导和促进不同个体的创新精神和实践能力的发展。著名心理学家马斯洛指出：“（如果）那种有创造力的人才是问题的本质，那么你面临的问题就成为人性转变、性格转变、整个人充分发展的问题。”因此，创新素质是评价人才全面发展和个性发展的重要标志。人才评价中要充分理解个体之间的差异，不得“一刀切”，应把人才所取得的成绩和能力与各自的起始水平相比，考核各自的进步情况，应以发展性评价为评价体系的核心。

（3）科学性原则。确定评价标准和采用评价技术手段时，应遵循科学要求，以保证评价结果的真实、准确。因此，评价要严格根据统一的评价标准进行，始终保持实事求是的态度，不能凭印象或个人情感去主观臆断。人才评价要遵循教育规律，从实际出发，要定性定量相结合，要抓住本质问题，就其主体进行评价，要让评价工作达到事半功倍的效果，使评价结果有效地指导着创新教育沿着健康、持续的发展道路前进。

（4）实践性原则。学习间接经验很有必要，但从人才成长的角度分析，过程比结论更可贵，亲身体验比道听途说更可贵，锐意开拓比坐享其成更可贵。实践是创新的源泉，是人才成长的必由之路。人才是指适应社会需要、具有创新能力的人，创新能力的形成是创新人才培养的重点。创新人才培养要通过开展各种实践活动（如动手操作、实验探索、调查研究和参加各种社会活动等）来培养人才的创新精神和实践能力。从而人才培养评价内容和评价指标必须贯穿“创新能力源于实践，服务于实践”的思想。

（5）导向性原则。评价标准和指标体系反映着全面发展的教育目的和教育改革的方向，一经确定，实际上就是“指挥棒”，使评价发挥着导向作用。人才学习能力、创造力的培养，在相关的指标体系中应设置具体项目，明确应达到的要求，并给以相应的权重，通过评价机制进行反馈，强化导向功能。这种导向性在创新精神和实践能力的培养过程中，起到一定的激励作用。正确运用导向性原则，可避免我们的教育成为“扼杀创造的力量”，使我们的教育成为“培养创造精神的力量”。

三、人才评价方法综述

高等科学研究是一种多投入、多产出的复杂活动，分别代表着科学研究的过程和结果，吴述尧等学者在进行科研绩效评价研究时比较分析了各种评价方法。[11]

（一）定性评价方法

1. 同行评议方法

从广义上说，同行评议是充分依靠科学家群体进行民主管理，引入竞争机制，择优支持，从而使得知识生产的要素得到优化配置的一种方法。具体地讲，同行评议是某一或若干领域的专家采用一种评价标准，共同对涉及相关领域的一项事物进行评价的活动，其评议结果对有关部门进行决策有重要参考价值。对于科学系统，其评价对象为一项知识产品——人们进行知识生产活动所得产品。知识产品可分精神产品（如论文、论著、新工艺）和物质产品。如果仅就科研项目评审（例如我国国家自然科学基金委员会和美国国家科学基金会的基金项目）而言，同行评议指的是，由科学系统中的同行专家组成的群体根据一定的标准，对提交的申请项目进行评议，这样评议得出的结果可以作为有关部门确定资助项目（科学资源的分配）的重要依据。

当前，同行评议主要用于五个方面：①评审科研项目的申请；②评审科学出版物；③评定科研成果；④评定学位与职称；⑤评议研究机构的运作。同行评议在这五方面的应用本质是相同的，所以，下面对同行评议的讨论主要以科研项目申请的同行评议为对象。

同行评议最早始于专利申请的查新。1416 年，威尼斯共和国在世界上首先实行专利制度。它在对发明者提出的新发明、新技艺等进行审查，确定是否授予发明人对其发明的垄断权时，采用的做法就类似今天的同行评议方法。

同行评议是某一或若干领域的专家群体对涉及该领域的一项知识产品进行的评价活动。显然，进行这种同行评议的专家应该是属于同一科学共同体的成员。只有这样，他们才能用同一范式去评价某一新发现、新理论。因此，科学系统中的同行评议，实际上是某一科学共同体内的科学家（通常是有较深造诣的科学家）采用同一范式对该科学共同体内的新理论、新发现进行评价与选择。

同行评议是目前国内外科学评价采用的最主要方法，是科技管理工作重要的组成部分。同行评议质量的好坏直接关系到是否能科学、客观、公正地遴选优秀、创新的科研人才和科研项目，只有高质量的同行评议才能准确反映被评价研究的内在质量，才能为推进国家科学化进程起到积极的作用。同行评议作为一种主要用于评价科学研究质量与水平的方法，无论是从主观还是客观因素分析，都会存在固有的局限性。引发局限性的因素主要体现在主、客观两个方面。

主要的客观表现有：①评价标准难以准确把握。同行评议的一个关键因素——评价标准的制定是影响评议本身质量好坏的一个比较关键的客观因素。标准应该是客观存在的事实，但随着科学的发展，社会需求的不断变化，人的价值取向的变动都使得对科学研究评价的标准难以保持一成不变。②评价机制处于不断调整中，合理科学的评价机制和程序不是人为能完全控制住的。③评价专家队伍量与质的调整与完善不能实时满足评价任务的需求。科学的发展有着自身的一套规律可以遵循，社会需求与个人兴趣的变化使得进行科学研究的科学家的成长也是伴随着科学的发展时起时落，每一学科、每一研究领域的科学家队伍也是处于不断调整中，那么这使得每一个事件、空间点上的科学评估活动期评议专家的配置不能完全保证评估任务的需求。④由于是共识决策，助长了保守选择的倾向，造成具有创新而非共识的项目难以资助。⑤不协调的学科分类管理促成了学科壁垒，不利于学科交叉等等问题[6]。

另外，主观表现体现在：①科学评估专家的主观能动性局限、价值观的个性化都是使评估活动存在主观局限性的因素之一。在同行评议执行中表现出来的是不能完全避免的个人名人效应，堵不住的人情网关系，可能发生的剽窃行为，难以克服的随机性。②组织实施同行评议的管理机构选择专家所表现的主观随意性和能动局限性。组织实施同行评议方法是一个专业性较强的工作，尤其体现在筛选专家、识别专家学术水平与评价资格这一环节，个人的管理能力、对学科发展的理解、对学术水平的把握、对评估任务理解的局限等都是影响合理配置专家队伍的主观因素所在。③“马太效应”——过高的业绩权重和知名度，限制、影响了年轻学者作为同行评议专家的脱颖而出。

2. 德尔斐法

兰德公司（Rand Corporation）发明了一种新的专家调查法，取名为德尔斐法（Delphi method）。德尔斐是古希腊地名，在那里有座阿波罗神殿，是一个预卜未来的神谕之地，于是人们就借用此名，作为这种调查方法的名字。1964年赫尔默和戈登发表了《长远预测研究报告》，首次将德尔斐法用于技术预测中，以后便迅速地应用于美国和其他国家。据《未来》杂志报道，从上世纪60年代末到70年代中期，德尔斐法在各类预测方法中所占比重由20.8%增加到24.2%。90年代以来，我国不少单位也采用德尔斐法进行了预测、决策分析和编制规划工作。德尔斐法与其他许多预测方法不同，它不是非要以唯一的答案作为最后结果，只是尽量使多数专家的意见趋向集中，但不对回答问题的专家施加任何压力。德尔斐法本质上是一种反馈匿名函询法。以下是它有别于其他专家预测方法的三个明显特点。

（1）匿名性。匿名是德尔斐法极其重要的特点，从事预测的专家彼此互不知道，他们是在完全匿名的情况下交流思想和信息的。

（2）多次有控制的反馈。小组成员的交流是通过回答组织者的问题来实现的。它一般要经过若干轮反馈才能完成预测和判断。德尔斐法在预测过程中，征询专家意见要进行2~3轮。会议机构对每一轮的预测结果做出统计，提出有关专家的论证依据和资料，作为反馈材料发给每一位专家，供下一轮预测时参考。由于每一轮预测之间的反馈和信息沟通，便于比较分析，因而能相互启发，提高预测和判断的有效性。

（3）统计表述专家意见。为了对专家们的预测和判断意见进行科学的综合，并以定量指标来预测结果，德尔斐法的每一轮预测反馈都采用统计方法对专家意见进行统计。这样，每种观点都包括在统计中了，避免了专家会议法的又一个缺点。

（二）定量评价方法

孙颖等学者整理和阐述了从科学评价外部视角，通过科学计量的动态分析掌握同行评议专家的学术动向的理论研究基础[12]。

1. 引文分析法

所谓引文分析（Citation Analysis），是利用各种数学及统计学的方法和比较、归纳、抽象、概括等逻辑方法，对科学期刊、论文、著者等各种分析对象的引用与被引用现象进行分析，以便揭示其数量特征和内在规律的一种文献计量方法。[13]引文标引是基于这样一种思想：前人的很多著作与当前文献主题是密切相关的，作者对于原先记录信息的参照标明。这一引文标引的原理则基于四种假设：①文献的引文意味着引用者使用了哪篇文献；②引文反映文献的价值；③被引用的文献可能是最优秀的著作；④被引用文献在内容上与引用文献有关。这四种假设形成了以引文分析为基础的全部研究的基础。引文分析主要的研究领域有：①对科学家、出版物和科学机构进行定性和定量的评估；②模拟科学技术的历史发展；③信息检索与搜索。[14]

引文分析理论依据是基于这样的思想：文献的相互引用是由科学本身的发展规律和研究活动规律所决定的。科学学的研究表明，科学知识具有明显的累积性、继承性；任何新的学科或新的技术都是在原有学科或技术的基础上分化、衍生出来的，都是对原有学科或技术的发展；也就是说，科学技术的发展是连续的，同时，由于科学的统一性原则，现有的各个学科之间都是彼此联系、相互交叉、相互渗透的。[14]因此，任何一项科学研究都必须在前人成果的基础上，吸取他人的经验来进行。这样，作为科学知识的记录和科研成果的反映的科学文献也必须是相互联系的。在创作科学论文中，作者不可避免地要引用其他有关的文献，为论证自己的观点寻找依据，查资料。在发表科学论著时，作者列出其所用的参考文献，一方面是为了引用资料的出处，以强调其可靠性；同时也便于读者考查、核对，或在此基础上进行更深入的研究；另一方面也说明作者讲究科学道德，尊重他人劳动成果，所以说引文参考是科学活动中必须遵循的行为准则。由此看来，科学文献的相互作用是科学发展规律的表现，也是科学活动中普遍存在的一种必然现象。这些参考文献能查明作者在构思自己论文时候吸收或利用那些早期研究者的概念、方法、设备等。

引文分析的应用范围主要是针对科学期刊进行分析常用的计量指标（Citation Measure）的分析，主要包括5种，即引文率、影响因子、自引证率、自被引率和当年指标；在对专业或学科结构进行研究时，除用引文率外，还可用引文耦合和共被引等测度指标进行分析。可以根据不同的需要而规定出可从不同角度进行引文测度的各种指标。但这些指标都是由一篇篇科学论文之间的引用关系建立起来的，或者说是由引文率演变而来。科学文献的引用与被引用，说明了科学知识和信息内容的继承和利用，标志着科学的发展。

2. 同引分析

同引分析（Co-Citation Analysis）的使用最早始于二十世纪七十年代，由斯莫和格利菲斯以及伊琳娜·玛莎科娃（Irina Marshakova）分别提出。[15] 1973年，苏联情报学家伊琳娜·玛莎科娃和美国科学计量学家亨利·斯莫（Henry Small）分别提出了把文献的同引分析作为计量文献之间关系的一种新的方法[16]。当两篇文献共同出现在第三篇文献的参考文献目录中时，这两篇文献就成为共被引的关系。同引强度定义为这两篇文献一起被引用的次数。斯莫把同引关系看作为能够更详细地设计一个在科学领域内重要概念（思想）中间关系的方法，从而得到了模拟科学专业知识结构的更真实的方法[17]。

艾格（Egghe）曾定义了两条同引分析的准则，即：①如果一同引相关群的每一篇论文至少与某一篇给定论文被同引一次，那么这几篇论文就构成了一个同引相关群体；②如果一同引相关群的每一篇论文与该群体中的每一篇其他论文（至少一次）被同引，那么这几篇论文就构成了一个同引相关群体。

当两篇文献（或作者）被第三篇文献引用，我们就称这两篇作品（或作者）存在共被引关系；经常一起被引用的文献（或作者），则表示他们在研究主题的概念、理论或方法上是相关的。为此，共被引分析认为文献（或作者）共被引的次数越多，他们之间的关系就越密切，“距离”也就越近。[18]利用现代的多元统计技术如因子分析、聚类分析和多维尺度分析等，则可以按这种“距离”将一个学科内的重要文献（或作者）加以分类，从而鉴别学科内的科学共同体或无形学院，绘制“科学知识图谱”使之可视化。共被引分析又可以分为文献共被引分析、期刊共被引分析、作者共被引分析、学科共被引分析等等。

（1）文献共被引分析

文献的共被引是一类最基本的共被引关系。它主要体现了同被引的参考文献之间的结构关系，从而反映学科之间的某些联系。通过文献的共被引相关群的分析，可进行文献学方面的理论研究。例如，从分析共被引文献的类型、语种等入手，可以研究科学文献体系的特征结构以及分布、利用等方面的规律。通过文献共被引群体网络及其变化，可进行学科之间的相互关系、联系特征和发展变化状况及趋势等方面的研究。

（2）期刊共被引分析

所谓“期刊共被引分析”是指以期刊为基本单元而建立的共被引关系。具体地说，就是 n 种（n≥2）科技期刊的论文被其他期刊同时引用时，称这 n 种期刊具有“共被引”关系。其共被引程度以引用它们的期刊种数（或次数）多少来衡量，这个测度称为期刊共被引强度或频率。期刊共被引分析把数量众多的期刊按被引证关系联系起来，从而揭示了各学科期刊之间的相互关系和结构特征。根据期刊的共被引关系及其强度，可以判断某些期刊的学科或专业性质。期刊共被引分析也可以为确定核心期刊提供依据。期刊的共被引关系反映了它们之间的某种学科或专业上的联系，而且如共被引频率较高，则说明这种专业关系比较密切，从而为确定学科的核心期刊提供依据。

（3）作者共被引分析

作者共被引分析就是指n（n≥2）个作者发表的文献同时被别的文献作者所引用时，则称这n个作者具有共被引关系。其被引强度可由引用文献的作者数量来衡量，这种测度称为作者共被引强度或频率。作者共被引与文献共被引是密切相关的，但它是以文献的作者为基本单元而建立的共被引关系。它使为数众多的作者按照被引证的关系聚集成一个个作者相关群体，从而及时反映学科专业人员之间的联系和结构特点，并进而反映出他们所从事的学科专业之间的联系及其发展变化趋势。当n位作者被某一专题文献的作者同时引用时，则可以认为这些作者以及引用作者都是该专题研究的同行，而且共被引频率越高，说明他们之间的学科专业关系越密切。从同被引作者群可以获得同行作者的数量、构成、活动规律等方面的许多情况。若把某专题研究的同行作者联系起来组成科学合作网络，开展合作攻关，将大大促进该课题研究的深入和发展。另外，作者的数量和结构变化，在一定程度上反映了学科的兴衰起伏、分化渗透等趋势。在共被引关系网络中，作者数量和结构方式的变化可作为判断学科变化动态的一个依据。若定期分析这些方面的变化，就可以跟踪和推测学科或专业的发展趋向[19]。

（4）学科共被引分析

所谓学科共被引分析是指以学科为基本单元建立的共被引关系。如果属于n（n≥2）个学科的文献被别的学科文献同时引用时，称这n个学科具有共被引关系。共被引程度以引用它们的学科的数量多少来衡量，称为学科同被引强度或频率。学科共被引频率越高，说明这些学科的关系越密切，从而揭示了各学科之间或一个学科的各分支之间的结构关系和联系程度。通过共被引关系，众多学科或专业聚集成一个个学科群体，形成学科群体网络，在微观上能够揭示某些学科间的相互交叉和依赖关系，从宏观角度可以在一定程度上反映科学体系的学科构成和结构特征。具有共被引关系的学科群体在数量、结构方式等方面的变化，在某种程度上反映了学科的分化、渗透和综合趋势，继而追踪学科发展的过程及趋势，对论文后所附的参考文献（关键词）进行共被引分析，确定学科领域内高被引著者群（主题概念群）。观察非核心著者与那些核心著者之间的关联以及关联强度，来判定其他非核心著者的学术派别和所持学术范式，或者通过关键词连接的三维网络来判断同行评议专家擅长的研究领域。

3. *多元统计分析方法*

相关分析、多维尺度分析、主成分分析、因子分析和聚类分析是常用的多元统计分析方法。它们的主要目的都是从反映事物的多个变量中，抓住主要因素，舍弃次要因素，以简化系统的结构，认识系统的内核。通过这些方法，对有多个变量的数据进行分析处理，化繁为简，以期能从看似杂乱无章的数据中发现和提炼出直观的、概要性的结果或结论。

（1）相关分析

相关分析是研究变量之间密切程度的一种统计方法，包括双变量相关分析、偏相关分析和距离相关分析。在本研究中，使用距离相关分析将原始共被引矩阵转化为相关矩阵。距离相关分析用于计算变量之间的相似性测度。本文将原始数据矩阵转换为相关矩阵，进行相关矩阵转换实际上是将原始矩阵标准化，消除了矩阵因同行评议专家被引次数差异所带来的影响，揭示同行评议专家之间的相似和不相似程度。

（2）多维尺度分析

多维尺度分析（Multi-Dimensional Scaling，MDS）是一种将多维空间的研究对象（样本或变量）简化到低维空间进行定位、分析和归类，同时又保留对象间原始关系的数据分析方法。通过低维空间（通常是二维空间）展示作者（文献）之间的联系，并利用平面距离来反映作者（文献）之间的相似程度。多维尺度分析通常用于研究对象之间的相似性（距离），只要获得了两个研究对象之间的距离矩阵，就可以通过相应统计软件做出它的相似性图谱。[20]

本文使用多维尺度分析，在制作科学知识图谱过程中，用作者（关键词）的位置距离显示了他们之间的相似性，有高度相似性的作者（关键词）聚集在一起，形成科学共同体（学科前沿）。并且，处于中间位置的作者（关键词）与其他作者的联系越多，在学科里的位置也越核心，反之，则越孤独，越处于外围。因此通过多维尺度分析，某领域研究主题、思想流派或其他学术共同体在学科里的位置就很容易判断。同因子分析相比，MDS 的图形显示结果更加直观和形象，但在确定各个学术群体的边界和数目时，MDS 则无法与因子分析抗衡，因此通常都需要同时借助因子分析的结果，进行共被引知识图谱的绘制。

（3）聚类分析

聚类分析是最常用的多元统计分析方法之一，从统计学的观点看，聚类分析是通过数据建模简化数据的一种方法。传统的统计聚类分析方法包括系统聚类法、分解法、加入法、动态聚类法、有序样品聚类、有重叠聚类和模糊聚类等。它的研究起点也是原始数据的矩阵，目标同样是获得点的二维图。因此，聚类分析属于降低维数技术的范畴。不过，聚类分析主要与自然群（聚合）的识别有关。聚类分析是根据研究对象的外在特征对研究对象进行统计分类的多元分析技术的总称。根据聚类分析使用数据的角度可以将它分为 R 型聚类和 Q 型聚类，既能用于探测性研究，也能用于实证性研究。聚类分析是与主成分分析、多维尺度分析或因子分析等结合使用的。

本文使用聚类分析对反映同行评议专家学术思想的论文引证关系进行聚类，从而形成同行评议专家不同的学术范式和学术流派，使用聚类分析对涉及学科内和交叉学科的论文关键词及其附加关键词进行研究，可知学科和交叉学科研究的热点主题。

（4）社会网络分析

社会网络分析（Social Network Analysis），也被称为“结构分析”，是测量和展现人与人（组织与组织等）之间关系的一种社会学方法，在网络中用节点代表人或组织，用连线表示它们之间关系[21]。社会网络分析是通过网络成员（节点）之间的关系而不是每个节点的实际贡献来研究社会系统结构间的关系，提供了可视化图谱分析和数学分析。随着社会网络分析软件（如 UCINET 和 Pajek 等）的开发和免费使用，这种方法在学术界得到了广泛的应用。

社会网络分析的基础理论思想受到交叉科学技术的多学科影响，其主要思想来源于数学和计算机技术。在社会学中，社会网络分析则起源于社会计量学（Sociometrics）。传统的个人社会理论和数据分析仅仅研究个体行动者本身，而不考虑其他人的行为[22]。这种个体的方法忽视了行动者的社会背景。在社会网络分析中，行动者之间的关系成为研究的第一要素，个体的属性仅仅是第二位的。然而，应该指出，这两个方面对透彻地理解社会现象都很重要。韦特雷尔（Wetherell）等这样描述社会网络分析[23]，“广义上说，社会网络分析将社会结构界定为一个网络，这个网络由成员之间的联系进行连接。社会网络分析更多地聚焦于成员之间的联系而非个体的特征，并把共同体视为‘个人的共同体’，就是视为人们在日常生活中所建立、维护并应用的个人关系的网络。”[24]社会网络分析的研究方向是对网络结构如何影响行动者的行为的研究。

很显然，社会网络研究的方法可以为许多学科增添附加的价值。社会网络分析可以分为自我网络分析（Ego Network Analysis）和全球网络分析（Global Network Analysis）。社会网络分析在社会科学领域中既是经验性研究的对象，同时又是理论性研究的对象，因为社会科学家们不仅对人类交互作用的模式感兴趣，所以社会网络的功能在于其结构可以揭示信息传播的规律。社会网络分析方法被证明可以成功地研究科学合作网络和互联网中的可视化网络。本文多次使用社会网络分析的方法，构建了同行评议专家的学术范式和学术派别网络图，建立了学科领域知识本体概念网，绘制了交叉学科知识图谱。从而为科学评价管理者准确判定所要进行科学评价的交叉学科项目提供了同行评议专家应具有的相关学科背景知识、擅长研究的学术主题。

参考文献

[1] 2016 年中国教育在线高招调查报告［EB/OL］.（2017-01-03）. http://www.eol.cn/html/g/report/2016/report1.shtml.

[2] 朱青. 我国高校教师人才竞争力评价模型的构建研究——以我国 211 理工科高校为例［D］. 北京交通大学，2011.

[3] 杨国祥，尹家明，万碧波等主编. 创新人才培养理念与模式［M］. 江苏大学出版社，2007.

[4] 陈丽璘. 美国著名研究型大学独立跨学科学术机构的研究与借鉴［J］. 现代教育科学，2007，(1)：12-15.

[5] 李煜. 中国 C9 高校学科布局及跨学科科研生产力比较研究［D］. 南京大学，2013.

[6] 姜彤彤. 高等学校科研绩效管理评价研究［M］. 中国社会科学出版社，2014.

[7] 仲理峰，时勘. 绩效管理的几个基本问题［J］. 南开管理评论，2002，03：15-19.

[8] 魏华林. 中国财产保险公司效率及生产率实证分析［J］. 保险研究. 2007，05：6.

[9] 高培勇. 公共经济学（第三版）［M］. 中国人民大学出版社，2012.

[10] 赵伟，马瑞永，何元庆. 全要素生产率变动的分解——基于 Malmquist 生产力指数的实证分析［J］. 统计研究. 2005，07：37-42.

[11] 吴述尧主编. 同行评议方法论（第 1 版）［M］. 科学出版社，1996.

[12] 贺颖. 基于科学计量视角的同行评议专家遴选问题研究［D］. 天津大学，2008.

[13] 邱均平. 文献信息引证规律和引文分析法［J］. 情报理论与实践，2001，4（3）：

236-240.

[14] 侯海燕．基于知识图谱的科学计量学进展研究［D］. 大连理工大学，2006.

[15] Small H. , Griffith B. C. . The Structure of Scientific Literatures I: Identifying and Graphing Specialties [J]. Science Studies, 1974 (4): 14-40.

[16] Dangzhi Zhao. Towards all-author co-citation analysis [J]. Information Processing and Management: an International Journal, 2006 , 42 (6): 1578-1591.

[17] Chaomei Chen, Les Carr. Trailblazing the literature of hypertext: author co-citation analysis (1989 - 1998) [P]. Proceedings of the tenth ACM Conference on Hypertext and hypermedia : returning to our diverse roots: returning to our diverse roots, p. 51 - 60, February 21-25, 1999, Darmstadt, Germany.

[18] Ding, Y. Visualization of intellectual structure in information retrieval: author co-citation analysis [J]. International Forum on Information and Documentation, 1998, 23 (1): 25-36.

[19] McCain, K. Mapping authors in intellectual space: a technical overview [J]. Journal of the American Society for Information Science, 1990, 41 (6): 433-443.

[20] Green, P. E. , Carmone, F. J. , Smith, S. M. Multidimensional scaling: concepts and applications [M]. Boston: Allyn and Bacon, 1989.

[21] S. Wasserman, K. Faust. Social Network Analysis: Methods and Application. Cambridge [M], NY: Cambridge University Press, 1994.

[22] Elizabeth A. Armstrong, MaryBernstein. Culture, Power, and Institutions: A Multi-Institutional Politics Approach to Social Movements [J]. Sociological Theory. 2008, 26 (1): 74-99.

[23] Otte E. , Rousseau R. Social Network Analysis: a Powerful Strategy, also for information sciences [J]. Journal of Information Science, 2002, 28: 443-455.

[24] Marc H. Anderson. Social networks and the cognitive motivation to realize network opportunities: a study of managers´ information gathering behaviors [J]. Journal of Organizational Behavior. 2008, 29 (1): 51-78.

[25] Braxton J. M. , Luckey, William&Helland, Patricia. A Broader View of Scholarship Through Boyer's Four Domains ASHE-ERIC Higher Education [P]. Higher and Adult Education Series Washington, 13, C2002. 1-154.

第二章　高校人才评价咨询服务概述

第一节　高校人才评价咨询服务的概念和开展的有利条件

高校图书馆利用自身的资源、技术和人员优势，开展人才评价咨询研究。图书馆要发挥情报服务专业优势，通过制定科学的人才评价指标体系，综合运用文献计量学方法和其他相关方法进行学术量化统计和评价，主动融入一线，拓展图书馆的信息服务领域。积极开展学科人才发现与评价，深度了解学科人才的学术水平、科研能力及教学状况，积极发掘各学科中的领军人才，提供全面可靠的校内外学科人才信息，密切关注国内外的学科领军人才的流动与变化，科学合理地评价校内现有人才及拟引进的人才，为高校的学科建设、人才培养、引进人才、留住人才提供决策依据，使学校在激烈的人才竞争中处于有利地位。

一、开展人才评价研究契合高校图书馆的准确定位

“关于高校图书馆的定位，《普通高等学校图书馆规程》（2015 年 12 月修订）指出，‘高等学校图书馆（以下简称图书馆）是学校的文献信息资源中心，是为人才培养和科学研究服务的学术性机构，是学校信息化建设的重要组成部分，是校园文化和社会文化建设的重要基地。图书馆的建设和发展应与学校的建设和发展相适应，其水平是学校总体水平的重要标志。’[8]图书馆员的主要角色是：信息专家、信息提供者、信息管理者、信息顾问、系统专家和资源协调者。图书馆开展人才评价研究，有利于图书馆的信息资源得到深层次的挖掘和合理配置，更有利于调动馆员工作的主动性、积极性。”

（一）图书馆是机构存储的管理者

由于学术研究信息开放获取的需要，馆员首先应成为机构存储的管理者，这要求馆员必须承担两方面的职责：一是学会遴选需要存储的学术研究信息，保证开放存取信息库信息的完整和有效；二是与其他大学和国家开放存储的管理机构保持联系，熟悉其他高校在研究信息存储和开放获取方面的规定和政策，以随时利用这些政策和规定实现本校研究信息的最大存储和利用。

（二）图书馆是数据管理专家

基于对研究信息存储和开放获取的需要，馆员应当成为数据管理专家，以组织、协调和管理在学术研究的过程中所产生的信息。高校图书馆员通常与学校信息管理人员和研究人员合作共同管理研究数据，其中馆员具有以下的职责：协助元数据采集和管理；与其他学术研究小组的成员共同制定项目管理、数据管理计划；解决过程中所遇到的版权问题；制定研究数据管理的组织流程等。[1]

（三）图书馆是研究支持的协调者

学科馆员承担着机构存储、学术研究小组成员以及联络馆员之间的协调职责，保持图书馆和学术研究团体、学术委员会以及各种信息存储机构之间的联系，成为学术研究的信息沟通桥梁。要负责实现各个学科的联络馆员在一些专题方面（如文献计量评估、研究数据）和学术研究小组就支持服务战略进行交流；就机构存储和开放存取的信息资源与学术研究小组进行交流，以促进数据管理工作的推进和发展；通过联络馆员积极联系各个领域的专业人士，根据学术研究小组的需要参与到研究中，以推进学术研究的进行。

二、数据资源可保障人才评价的顺利开展

一直以来，大学图书馆都非常重视馆藏资源的数量与品质，系统、持续地采集文献资源。随着电子技术的快速发展，各大学图书馆除了采集传统的纸质文献外，还购买了期刊数据库等数字文献资源，使可供收集分析的情报数据价值越来越高。拥有如此系统、权威的数据资源，是其他部门无法企及的，是高校图书馆开展人才评价咨询服务的基础。

高校图书馆具有丰富的纸质文献资源和与学科相关的各类电子数据库资源，馆藏资源具有高度的系统性、全面性、专业性等特征，拥有的学术出版信息完整权威，所形成的情报价值高。艾春艳等学者指出在高校图书馆之间、一些信息研究所或服务机构之间，已经或正在开展的资源整理、资源评估分析、资源保障情况分析及揭示、馆际互借、文献资源共建共享等工作，为人才评价咨询服务工作提供了丰富的信息资源储备，相对其他部门更具优势。[2]

（一）资源整理

一直以来，大部分学科馆员以熟悉资源的使用为主，对所负责学科的资

源大多是概略性了解，为了系统把握学科资源的翔实情况，提高学科服务的效率，学科馆员需要全面梳理所负责学科的资源，详细清点馆藏图书、期刊、其他印刷品和电子图书、电子期刊、学位论文等资源中该学科资源的数量、种类和时间范围等。同时，还需要对所负责学科经常使用的数值型或事实型专业数据库以及多媒体资源和特色资源进行梳理，这样在为用户服务时就能做到心中有数。

（二）资源评估分析

资源整理帮助学科馆员熟悉了各类学科资源的覆盖情况，但要做好深入的学科服务，仅凭借资源数量是不够的，还要保证资源的质量。学科馆员在梳理资源的基础上对学科资源的系统性和权威性进行评估。

目前这类评估分析工作主要集中在四个方面：

一是分析馆藏中学科核心书刊资料的占比。例如数学、物理、经济、历史等学科的馆员分别对各自学科中高影响力的期刊（被 SCI、SSCI、EI、《中文核心期刊要目总览》等收录）进行整理和馆藏比对，以此了解本馆核心文献保障情况，并通过与学科专家的沟通，对数值型和事实型数据库等是否来源于权威机构、内容是否实时更新进行评估。学科馆员们通过资源整理与评估，能做到对学科重点资源如数家珍。

二是拓展视野，知己知彼，学科馆员就本馆书刊收藏情况与国内外相同专业中排名靠前机构的文献收藏情况进行比对，以评估本馆此类学科资源的建设水平。例如学科馆员选择国内外心理学专业排名靠前的机构，将哈佛大学、加州大学伯克利分校、剑桥大学、斯坦福大学以及中国科学院心理所等进行对比，从而分析北京大学心理学学科资源馆藏的优势与不足，通过国内外机构重点资源的比较，学科馆员对缺失的学科资源做到了心中有数。

三是从专业角度评估学科资源的质量。学科馆员在进行学科资源的梳理与调研后，对所负责学科的资源比较熟悉，具备了从专业角度评估学科资源的能力。因此，学科馆员积极参与了数据库资源评估，负责与所负责学科密切相关的数据库。学科馆员借鉴当前数据库的评价标准和指标，全面分析数据库的内容、质量、检索系统、售后服务、使用统计及成本、存档情况等内容，并与相似数据库进行了详细查重和比较，最后完成评估报告，为图书馆乃至全国的学科资源建设提供了有力支持。

四是为学科资源购入把关。北大图书馆的学科馆员还参与到学科电子资源采购流程中，在新引进数据库之前的试用期，由学科馆员通过邮件、博客、BBS 等多种方式通知相关院系，解决试用期间的各种问题，并收集院系师生的意见；如果院系建议购买此数据库，学科馆员则对院系师生进行更深入的试用调研。例如，近年来经济金融方面的统计、数值类专业性很强的数据库逐渐增多，图书馆经常收到相关院系师生的荐购要求，但经费有限，究竟购买哪个数据库，图书馆必须做出选择。为此，北京大学图书馆 2009 年 11 月由主管馆长牵头、分馆办公室组织、部分学科馆员参与举办了经济金融电子资源采购协调会议，会前学科馆员广泛搜集了光华管理学院、国家发展研究院、经济学院师生对沃顿服务研究系统（WRDS）、全球市场信息数据库（GMID）、国际货币基金组织（IMF）数据库、世界银行（World Bank）数据库、美国全球财务分析资料库标准普尔数据库（SouceOECD、Compstat）、证券价格研究中心（ThomsonReuterSDC、GRSP）等数据库的意见，这些意见为相关数据库的采购提供了良好的决策信息；在协调会上，分馆、资源建设部和学科馆员一起与教师进行了深入的沟通，在多方达成共识的前提下对数据库的采购做出最后定夺。

（三）资源保障情况分析

图书馆的学科资源是否能为读者提供充足的文献保障，最终要从读者的视角去衡量。学科馆员除了常规的读者调查和教师访谈外，还通过成果抽样调查法评估学科资源的保障情况。如物理学科馆员以北京大学物理学院理论物理专业2003—2009年的42篇博士论文为调查对象，对引文的数量、来源、文献类型、发表时间、语种等情况进行统计分析，讨论被引量最高的外文期刊的保障情况[3]。通过成果抽样调查法，学科馆员可以更深入地了解图书馆现阶段的馆藏是否为科研提供了良好的文献保障，更客观地调查本学科读者的潜在需求，为图书馆文献资源建设提供参考。数学、化学等学科的学科馆员也做过类似的工作，今后将继续扩大评估的文献类型和学科范围，从整体上把握图书馆的学科资源保障情况。

（四）资源组织与揭示

通过上述几种途径，学科馆员基本熟悉了各个学科的资源情况，但是如何让这些资源更好地被读者利用，还需要对资源进行合理的组织与展示，通过便捷的发现与获取服务及时满足读者获取学科资源的需求。

学科馆员积极参与学科资源的组织与展示，除了图书馆主页上读者经常使用的学科导航外，还积极通过资源发现平台、学科服务平台、学科信息学术门户等为读者整理并提供图书馆主页上无法揭示的零散资源。

例如，北大图书馆2011年底推出了资源发现平台“未名学术搜索（SUMMON）”，学科馆员与数据中心馆员一起进行多方测试，并从读者感受和学科分面检索角度为系统的本地化提供了建议，使检索系统更符合读者的专业需求，更利于组织和揭示各种学科资源。历史学科服务平台除了集中展示中西文数据库、古籍数据库、中西文期刊、学术网站、多媒体等资源外，还包括新书通报、好书介绍、试用数据库、馆际互借优惠活动等内容[4]。海洋学科信息学术门户则很好地展示了本学科研究热点追踪、热点论文、最新图书、热点资讯、学科发展报告、学科前沿态势分析报告、海洋研究顶尖机构等信息[5]。

（五）发掘免费学术资源补充馆藏

数字时代，资源建设已经从“拥有”模式向“可获得”模式转变，除了本馆收藏的资源外，还有大量分布在网络上的免费资源或开放获取资源可以利用。特别是某些开放获取资源，如 arXiV、PubMed 等内容丰富，学术价值高，已经成为学者治学研究不可或缺的资源。因为读者使用学科资源时不会区分其是否为图书馆所有，为读者提供各类免费资源在一定程度上可以达到馆藏资源建设的效果。学科馆员将有价值的开放获取学术资源进行搜集和整合，使其成为图书馆馆藏资源的有益补充。除了开放获取期刊、图书、论文等，学科馆员还将分布在网络上的其他各种免费的参考资料，如一些国内外政府机构提供的统计或管理数据、某些专业机构发布的研究报告、有些科研单位的机构库、国内外著名大学网上共享的视频课程以及用户通过 Wikipedia、Blogger、Facebook 等 Web2.0 工具创造的内容提供给读者使用；近年来，还有很多科研人员建立了影响力较大的学术论坛，如国内著名的科学网、小木虫等综合性科研论坛。学科馆员整理这些资源并系统地推荐给读者，将极大丰富读者了解和获取专业资源的途径。

总而言之，图书馆尝试将学科资源建设渗透到学科服务的各环节中，通过以下服务寻找资源建设的切入点，发挥学科馆员的专业优势，以点带面，逐步推进学科资源建设。

三、图书馆人力资源的可行性

近年来，各高校图书馆也在培养开展学科服务的馆员队伍，努力提供更加适合需求的学科服务。

这些学科馆员大都拥有研究生学历，甚至有海外学习背景，他们一直在坚持不懈地学习、摸索，提升把握信息和分析、评价信息的能力，在努力探索学科服务的广度和深度。这些学科馆员成为图书馆中一支情报工作能力强、综合素质高的人才队伍。设立人才评价咨询服务的工作岗位，也能更加吸引馆员尤其是年轻好学的馆员的关注，促使更多的图书馆工作人员朝着创新性服务的方向努力，实现自己在图书馆的价值和角色上的转型。吴碧薇等学者研究了高校图书馆馆员已具备的各种能力。[1]

（一）信息管理能力

高校图书馆馆员为实现对研究信息的有效管理，必须掌握信息存储和开放获取的方式方法，以实现学术研究信息的及时存储，满足信息需求。目前，国内高校之间的信息存储系统尚未完全实现统一，图书馆员在管理好本校研究信息的同时，也应掌握外校的信息存储情况，以实现校际信息共享；其次应掌握元数据处理方式方法，以实现研究信息的开放共享。此外，还应掌握信息搜集的方式方法，以保证研究信息及时、准确、全面地收集，特别是在多个信息系统中搜寻、整理和存储信息的方法。

（二）信息评估能力

越来越多的图书馆满足学术研究团体对自身研究进行评估的要求，为推进学术研究出了一份力。我国高校的学术研究者有对自身的学术研究进行评估的要求，但目前国内高校图书馆所能提供的信息评估大都局限于引文率、下载率等简单数据的查询，远不能满足高校学术研究者全面学术评估的需求，图书馆应全面扩展高校的学术评估工作。为此，图书馆负责学术研究支持工作的馆员都应具有一定的信息评估能力，包括两个方面：熟练使用文献检测工具，能够通过图书馆所拥有的数据库查询文献引用率、下载率、收录情况等影响学术研究成果评价的数据；能够根据所收集的数据对学术研究课题或研究成果的影响力做文献计量学方面的量化分析。

（三）版权处理能力

在学术研究和学术出版过程中，研究者可能会涉及版权处理工作，高校图书馆员应协助研究人员处理这一过程中的版权问题。图书馆员可以在三个方面提供协助：一是在研究信息存储和开放存取过程中处理相关的版权问题，减少存储和利用研究信息的版权障碍；二是在研究过程中掌握对被引文献的引用情况，避免可能产生的版权纠纷；三是在对研究成果进行出版时，对学术研究团队进行相关的版权提醒，以在版权上取得较有利的地位。

（四）人际沟通能力

为了有效促进学术研究团体与图书馆、其他学术研究机构、信息存储机构和其他学术专家等的联系，高校图书馆馆员应有良好的协调沟通能力，能够很好地维护各个部门组成的学术研究团队的信息网络。为此，图书馆馆员应该熟悉各个部门的负责人、工作规则和联系方式等信息，以在学术研究需要的时候进行联系；而且具有一定谈判技巧，能够根据学术研究团队的需要与相关部门进行协调，以保证对学术研究信息的需求。

四、高校图书馆技术装备上的优势

数字技术的掌握和使用为图书馆服务带来了新的发展机遇，数字化信息的检索与提供，使高校图书馆成为信息网中信息资源的枢纽。因此，高校图书馆信息化建设的成果，为收集和开发优质信息，开展创新性服务内容，拓宽服务范围创造了优势条件，为高校图书馆积极开展人才评价咨询服务提供了技术装备上的优势。[6]

信息技术是图书馆事业发展的驱动力之一。纵观图书馆的发展史，就是图书馆推进现代信息技术与传统业务的融合、不断应用新技术来更新服务方式和方法、以满足新环境下读者信息需求的一个过程。比如，微电子技术、光学技术、影像技术、缩微技术在图书馆领域的应用，使图书馆馆藏出现了多种载体形态。计算机技术、数据库技术的发展，促进了图书馆现代自动化集成系统的成熟。互联网技术的进步实现了图书文献信息资源共享，极大地提高了图书文献信息资源的利用率。移动互联网技术的发展，建立了随时随地的现代图书馆移动服务平台，帮助用户在任何时间、任何地点获取所需要的任何知识。RFID 技术、物联网技术实现了与读者互动的人性化服务，开创智慧型图书馆的发展之路。

从传统图书馆到数字图书馆，图书馆已经不单单起着书库的作用，而是完全走出了静态的藏书模式，成为一个由建筑技术和信息技术相结合的信息集散和服务中心。现代的图书馆一般都是一个综合性的智能大厦，有更加科学、合理的空间布局，有功能完备的楼宇控制系统、安防控制系统、消防控制系统；有包含计算机网、电话网、数字电视、卫星电视、数据广播、手机网关等在内的智能综合布线系统，覆盖图书馆业务全流程的自动化集成系统，阅读器和运输车等现代化的采编环境，自助借阅和复制等读者服务设备，RFID 系统；包含文献数字化、数字资源加工与整合、发布与服务、存储与管理等数字图书馆业务系统，“一卡通”、电子阅览室、多媒体教学等读者服务管理系统以及办公自动化、档案管理、财务管理等完备的内部管理系统等。正是突破了传统图书馆的限制，不断向现代型、开放型、服务型图书馆转变，才能适应社会和读者对图书馆的要求。

未来信息技术还将以惊人的速度发展，继续对社会的信息交流环境和人们的信息获取方式产生更加深刻的影响。信息时代的图书馆事业发展，还须坚持技术牵引的原则，研究信息技术的发展趋势和信息获取方式的变化动向，不断推动云计算、大数据等新的信息技术在数字图书馆领域中应用，并以此提升图书馆的服务。加强云计算模式在图书馆的应用，将分散的数据集中成为一个海量虚拟的资源库，消除数字图书馆资源孤岛状态，实现更大范围的资源共享服务，从而增强数字图书馆服务的适应性，同时最大限度地降低数字图书馆的建设和运行成本。继续深化物联网技术在图书流通和管理领域的应用，进一步实现文献的快速分拣、精准定位、自助流通和准确统计，实现与读者互动的人性化服务，逐步形成全面感知、广泛互联的图书馆智能管理和服务体系。利用大数据技术和工具，一是研究海量信息资源的网络应用效率，二是从复杂的服务数据中提取有价值的信息，挖掘、识别、组织与分析隐含在读者行为中结构化、半结构化的数据信息，寻找读者的隐性诉求进而改进图书馆的服务，达到图书馆资源、服务与读者需求的双向理想控制。在大数据时代，图书馆的传统业务将向数据分析、数据挖掘方向转移，从大量数据中发现的规律越多、找出的潜在价值越大，图书馆的服务水平等也将提升得越快。

信息技术的发展会使社会信息需求跟着发生变化。满足整个社会信息需求，既是图书馆的责任，也是图书馆存在的价值体现。社会需求的变化与信息技术的更替，将为图书馆的事业发展提供广阔的发展空间。未来计算机将朝着多极化、智能化、一体化方向发展，互联网络将朝着“创新、融合、有序、多边、透明”的方向发展。图书馆也应该随着信息技术的更新设计和规划图书馆的服务和资源：一是以用户需求为导向，形成多元的深度服务链，利用数字图书馆的平台和成果，为参考咨询服务、决策支持服务等业务的管理提供更为坚实的技术与资源支撑，并在此基础上实现更有深度和广度的信息服务、知识服务；二是充分利用手机、数字电视、电子阅读器、平板电脑等智能终端，通过博客、微博、手机网站等新的传播模式提供全媒体、全时空的服务，从而实现“用户在哪里，服务就延伸到哪里”的图书馆服务泛在化。

第二节　高校人才评价咨询服务的研究现状

如何真正地发现人才、培养人才、利用好人才是当前高校的重要课题，其中如何发现人才是所有工作的起点，因此高校开始引入人才评价机制来甄别人才。

目前高校对人才的评价方式一般是通过学历、学位、职称、工作经历、科研成果数量来进行判定，不够重视人才的基本素质和能力。高校人才发现的目的之一是希望通过发现人才，进而善用人才或者引进人才来改善现有师资队伍的学历、职称和年龄等结构，快速搭建学科梯队，培育新兴的学科生长点。但只通过文凭、职称，而不是全面地对人才的实际科研水平、发展潜力、团队合作等能力进行考察，势必难以正确评价引进人才的综合质量，发现的人才也不一定能满足学校和学科的发展需要，与人才评价的初衷背道而驰。[7]

首先从日常人才评价的工作中，我们发现人才评价指标不健全，目前高校人才评价过程中重学术轻素质，重学历轻能力现象比较普遍。高校人才肩负着下一代人才培养的重任，高校人才的高水平和高素质不能仅由其学术水平来体现，还要从其人格特征、道德品质、智力等素质去考察，即要具有事业心、进取心、恒心还要有自学、创新精神，要有运用知识的意识和能力，甘于奉献等。现有的评价指标体系中，这些评价内容并不是没有，几乎每个高校在人才招聘过程中都会加上爱岗敬业、乐于奉献等字样，但是一旦进入引进程序，高校更多关注的是其科研成果和科研能力，而忽视了其他基本素质和能力。

其次是评价基础较薄弱。单从引进人才这个例子可以看出，人才流动是高校和应聘人员双向选择的过程，由于“信息不对称”，一些高校和一部分人员都有可能从自身利益角度出发，隐瞒不利于自己的信息，利用“信息不对称”为自己谋利益。当前，很多学校为了完成学校要求的人才引进指标，通过制定优惠政策吸引人才，但人才进校后却无法兑现相应的待遇。从应聘者来看，高校制定了一些鼓励人才引进的优惠政策，应聘者利用高校对人才的需求渴望，伪造学术成果乃至履历、职称，而一些地方或高校为引进高层次人才采取的“绿色通道”策略（即不要档案、不要户口、不要人事关系）更是为虚假和伪造提供了可乘之机。仅仅通过验看毕业文凭、学位和职称证书，没有更多的“权威”信息可以验证。而很多引进人才的原单位出于人才流失的原因，也不愿意给引进高校提供更多的情况和资料。这种“绿色通道”政策必然造成人才评价的基础薄弱。

第三是评价手段不够科学。高校在人才考察和评价中往往容易流于表面，缺乏定量、科学规范的标准，考评手段单一。评价过程中，缺少严密的评价制度作为保证，没有统一的标准参照，主要由院系领导和人事部门对应聘者的资料进行审核。这种评价方式较侧重学历、学位、职称、科研成果的考察，较难评价人才的发展潜力、职业道德水平、文化修养等相关能力。这种缺乏科学的评价标准和手段的评价方式，仅凭考评者个人的理解来判定，评价的主观随意性大，必然造成评价中不可避免的片面性、主观性和武断性，也必然影响评价的科学性。

关于人才评价，通常以我国教育部对各高校评估指标所设置的参数为标准，往往只注重学历背景、职称。这种只以高学历和高职称为标准，而不考察人才的真实教学科研水平、学术潜力和团队合作精神等方面的评价，必然很难全面、客观地评估出人才的综合实力。“在我们看来高校教师人才是高层次人才，是高学历高能力高贡献相统一的人才，是一所学校所拥有的独特的不可模仿的资源或能力，它体现在与别的同等院校比较时，所体现出来的在组织性、结构性、质量、贡献率的特质。”[8]人才评价研究需采取定性与定量相结合的方法，进行学术、教学、社会服务、师德、经历等各方面的综合评价。

高校图书馆利用自身的资源、技术和人员优势，开展人才评价咨询研究。发挥情报服务专业优势，通过辅助制定科学的人才评价指标体系，综合运用文献计量学方法和其他相关方法进行学术量化统计和评价，深度了解学科人才的学术水平、科研能力及教学状况，积极发掘各学科中的领军人才，提供全面可靠的校内外学科人才信息，密切关注国内外的学科领军人才的流动与变化，科学合理地评价校内现有人才及拟引进的人才，为高校的学科建设、人才培养、引进人才、留住人才提供决策依据，使学校在激烈的人才竞争中处于有利地位。近年来很多高校已经陆续开展咨询服务工作。

一、上海交通大学图书馆

付佳佳等学者介绍了近年来上海交通大学在建设世界一流大学进程中，选拔并培养高素质、具有强大创新精神的拔尖师资人才，构建一流的师资队伍的情况。如何科学合理地评价引进研究人员的学术水平，也是学校管理层面临的一个重要问题。2012 年，图书馆结合学校职能部门的这一潜在需求，自拟完成了《高端人才（即“千人计划”人才）引进后的学术影响力分析》报告。2013 年，图书馆主动拜访学校人力资源处，并向人力资源处展示了前期完成的报告，让他们了解到图书馆的诚意和实力。在初步确定合作意向之后，图书馆成立专项工作小组，从零开始探索并经过反复讨论与修改，构建了人才评价指标体系，从学术研究活跃度和学术研究影响力两个方面评价研究人员引进后的学术影响力，完成了首批研究员（共 8 位）的评估报告，并得到学校人力资源处认可。

图书馆在服务普及的过程中，一方面重视服务经验的积累，不断梳理和总结服务流程与方法，制定各类情报分析服务指南，包括服务目标、范围、技术路线与流程。同时，注重报告格式的规范，规范文档包括工作规范、数据下载操作指南、报告模板和图表模板等，为开展情报分析服务提供规范与指导。另一方面，在紧跟需求的同时，不断深化与完善分析指标体系：在实践过程中，图书馆先后制定了《学科发展评估的流程与规范》《人才评价报告工作规范》《人员评估数据下载及分析操作指南》等规范与指南，确保了持续推进与发展。以机构人员学术影响力分析为例，一般评价指标体系涵盖学术研究活跃度和学术研究影响力这两个一级指标，每个一级指标又分别包含三个二级指标和若干参数。但是对于人才引进前的评估，评估目标是确定研究人员是否值得引进，其中涉及较多与标杆人员和标杆机构的数据对比。因此，图书馆在评估报告中设计了引进人员“学术坐标定位图”，以“期刊论文发文水平”和“期刊论文被引水平”作为评价参数，通过气泡定位图的形式直观反映研究人员的学术地位。[8]

二、北京大学图书馆

2011 年北京大学发展规划部为编写“十二五”规划，委托北京大学图书馆对本校的科研实力进行评估。为此，图书馆逐步探索了兼顾机构内外，全面反映机构本身及其子机构的科研现状及发展趋势的评估方法，对北京大学学术论文方面的科研竞争力进行了量化评估，最终完成《北京大学科研实力分析报告》。报告通过客观的数据分析，帮助北京大学的科研管理人员更为准确地了解目前的竞争优势与劣势，并为科研决策提供可靠的信息支撑。北京大学图书馆分析北京大学各院系 2000—2010 年在《Science》和《Nature》上发表论文的作者，并根据 ESI 的数据，统计出各院系进入全球前 1%高引论文的作者，尤其是 ESI 中被引次数高、且通讯作者为北京大学科研人员的优秀论文。其中很重要的一部分内容是：通过高被引文章和权威期刊文章识别各院系中成果突出的科研人员；并为了解院系间的合作对科研产出数量与质量的影响以及学科间交融的情况，评估同时分析了北京大学 2000—2010 年被 SCI、SSCI、A&HCI 收录的论文中，由不同院系合作完成的论文数量和变化趋势，以及论文的质量和影响力情况，并分析了合作论文发表在 JCR 优秀期刊的比例是否高于全校整体的优秀论文比例。这些都为院系或者决策部门了解本机构人员水平、挖掘高水平人员提供了参考。[9]

在项目实施过程中问题和难点并存，首先，通常是通过作者地址字段对论文进行归属机构识别，而数据库中存在部分不完全规范的署名地址，例如机构名称拼写出错、机构英文名称未采用通用翻译或者简写而缺少必要信息等，这些对通过文章识别作者造成了困扰。对于这类数据，大都是通过人工识别的方式进行干预，浪费了较多的人力和时间。

另外，目前针对学者的科研力评价一般采用学术论文方面的数据，例如期刊论文、会议论文等；而对于其他形式的科研成果，如专著、专利、研究报告等涉及较少。然而对于部分学科领域，这些形式的科研成果对于学者同样具有重要的意义。因此如果想要更为全面地评价学者的科研产出和影响力，则应全面收集整理这些数据，并与管理部门的统计数据相结合，补充到评价体系中来。

三、华东师范大学图书馆

华东师范大学图书馆周健等学者介绍了华东师范大学图书馆在开展决策支持服务方面，经过探索和努力形成了一系列特色之处，确保了决策支持服务的有效开展。首先，对全校中级以上所有专任教师开展了基于引文的学术影响力多年持续跟踪测定，以全面把握各方发展态势。其次，鉴于全球人才频繁流动的现状，测定时不限署名单位，避免因机构变迁而人为割裂其学术成果的问题，能科学合理地反映每位教师的整体学术影响力。第三，成立一套完整的测定、统计分析和评价方法，可实现个人、院系、群体各类科研绩效指标的自动统计及报表输出。第四，建立专任教师绩效数据库，并已整合学术论著产出被引、科研立项、教学、获奖等数据，未来计划整合更多能体现教师教学科研绩效的信息。最后，学科统计分析结合教师个体学术影响力测定，不仅可统计各院系、各教师、各学术团队的贡献率，还可预测其发展趋势，进而预测各学科的发展态势；并可分析引进人才、预测拟引进人才对学科发展的作用。

基于为学校管理提供决策支持服务的指导思想，寻找学校需求与图书馆使命的契合点已成为图书馆努力的新目标。华东师范大学图书馆在充分调研的基础上，决定利用现有文献资源和人力资源开展有价值数据的采集、梳理和统计分析，为学校管理层提供决策所需的客观统计数据和情报分析结果。

基于为学校管理提供决策支持服务的指导思想，华东师范大学图书馆找准目标，主动出击。2009 年，起步此项工作，图书馆主动开展全校 1000 多名文科专任教师学术论文产出被引数据的采集和统计分析工作，基于 CSSCI 和 CNKI 数据库采集全校文科教师的学术论文数据，经过梳理和清洗，确定每位教师的论文清单，在此基础上，按院系分别统计正高、副高、中级各职称群体的 h 指数等学术影响力相关指标。相关统计分析报告呈送校领导和职能部门领导，得到认可，同时也让领导了解除了传统服务之外，图书馆还可以做得更多。

2010 年，根据学校领导需求，图书馆开展了理工科教师 SCIE 论文和文科教师学术专著的产出被引数据采集及统计分析，以及我校学科状况统计分析，得到充分认可。校领导两次带领人事处、科研处、社科处、研究生院、学科办等职能部门负责人到图书馆召开研讨会，并安排图书馆在学校行政例会上介绍相关内容。2011 年，在继续开展全校专任教师数据采集与统计分析的基础上，图书馆积极开发统计分析程序，实现了个人、群体、院系各类指标的自动统计及报表输出，使得统计分析工作效率大大提升，同时可提供的分析结果也更为全面。2012 年，进一步深化完善了测定指标和统计分析内容，使得统计分析结果更趋完善。

鉴于学术论著单项指标尚不能完整体现每位教师的教学科研绩效，2013 年，图书馆主动提议在学术论著数据的基础上，整合科研项目、承担教学任务、科研获奖、教学获奖等数据，以全方位展示专任教师的各类绩效，此项提议得到学校领导和相关职能部门的大力支持。依托论著数据，图书馆整合的数据得到大大拓展。为了进一步有效地管理搜集到的各类数据，也为了方便全校教师及各级管理人员查询相关数据和统计分析结果，2013 年 11 月，在学校的大力支持下，图书馆开展了全校专任教师绩效数据库的建设工作，并于 2015 年 3 月完成首期建设任务。学校决定将该数据库挂在学校公共数据库平台，每位专任教师均可查询本人各类绩效数据，各级管理人员则可根据各自管辖的范围查询相关数据和统计分析结果。该数据库推出后，得到学校教师和领导的普遍关注，达到了预期效果。

这些统计分析结果在人事处、学科办、研究生院等多个职能部门得到了广泛应用。连续多年对全校 2000 多名中级以上专任教师开展基于引文的学术影响力测定，得到了大量有价值的客观数据。基于这些数据从学术成果产出和被引角度对专任教师进行评估，填补了学校管理中该方面数据的空白，对学校师资队伍建设具有很重要的意义。目前，相关统计数据及分析结果已在职称评审、引进人才以及人才评估等多个方面得到应用，为人事工作的科学管理决策提供了重要的参考信息。这些数据从学术成果产出和被引角度客观反映了每位专任教师整体学术影响力和近年来的科研活跃度，对学校博士生导师遴选等也具有重要的参考价值。[10]

四、武汉大学图书馆

武汉大学图书馆关注学者和学生在科学研究方面的人才评估咨询服务需

求。刘颖等学者指出在研究开题/立项阶段中，学者需要掌握学科方向的研究热点和研究者动态，了解竞争者，选择合作伙伴，确定研究方向。在项目研究中，他们需要管理大量文献，掌握论文写作技巧，寻找合适的期刊投稿。成果发表后，需要跟踪其学术影响力。此外，在高级岗位申请、职称晋升、高层次人才计划申请、奖项申报、项目申报等过程中，他们需要出具本人及研究团队的科研能力证明材料。学生选择深造的机构和导师时，需要针对感兴趣的学科方向了解相关机构、研究者、科研团队的学术影响力。另外，随着国家对科研绩效评估的重视，ESI 受到普遍关注。

当了解到校领导在全校干部会议的报告涉及武汉大学 ESI 各学科表现以及学者贡献度分析等内容后，图书馆主动与职能部门联系提供相关资料，并提供《学者对 ESI 学科被引贡献分析报告》；同时积极主动沟通，多次修改计量指标及分析方法，报告及成果得到领导认可。[11]

综上所述，近年来许多高校图书馆正积极传递改善服务和资源来提升其价值的理念。很多高校图书馆已经意识到，图书馆不仅要为师生提供优质资源和服务，还应该提供书刊等实体文献之外的决策支持信息，如人才评估、学科发展、科研评估、学校评估等，进一步展示图书馆价值，扩大图书馆在学校的影响。

参考文献

[1] 吴碧薇. 面向学术研究支持的高校图书馆员角色及能力探析［J］. 大学图书情报学刊，2016，06：27-30.

[2] 艾春艳，刘素清. 学科馆员参与资源建设的探索与创新［J］. 图书情报工作，2013，02：15-18.

[3] 李峰. 使用引文分析法考察图书馆文献保障情况［J］. 大学图书馆学报，2011，05：104-108.

[4] 北京大学海洋学术信息门户［EB/OL］（2017-01-03）. http：//113. 204. 229. 26：

8094/index. html.

[5] 孙一钢．融合、创新、引领——论信息技术在图书馆发展中的定位和作用［J］．图书馆理论与实践．2015，03：1-5.

[6] 刘博．高校引进人才评价体系研究［D］．哈尔滨工程大学，2013.

[7] 人事部．关于国家行政机关补充工作人员实行考试办法的通知［J］．行政人事管理，1994，S1：2.

[8] 付佳佳，范秀凤，杨眉．高校图书馆开展情报分析服务的框架体系与实践探索［J］．图书与情报，2014，05：26-29.

[9] 肖珑，张春红．高校图书馆研究支持服务体系：理论与构建——兼述北京大学图书馆的相关实践，大学图书馆学报，2016，06：35-42.

[10] 周健，仇玉芹，宋振世，熊泽泉，蒋萍．高校图书馆开展决策支持服务之探索与实践——以华东师范大学图书馆为例［J］．上海高校图书情报工作研究，2015，03：6-10.

[11] 刘颖，刘霞．高校图书馆计量分析服务实践探索——以武汉大学图书馆为例［J］．情报理论与实践．2015，38（7）：92-96.

第三章　高校人才评价咨询服务需求分析

受改革开放、经济全球化的影响，人才流动已成为市场常态。随着人才流动广度和速度越来越快，大学的生存与发展的环境也发生了剧烈的变化，具体表现为高校之间人才的竞争、科研能力的竞争、教育建设成果的竞争。高层次人才竞争的不断激化，使学校的发展受到了很大影响，要接受更加严峻的考验。另外，各高校都在建设高层次的人才队伍，制定了吸引高层次人才的优惠政策，如此普遍地重视人才引进工作，是我国各高校以实力求生存和有人才竞争意识的体现。因此，引进以及培养高层次创新性人才，已成为我国高校一项重要的战略性工作。但是目前队伍的人才引进和培养的人才质量如何、如何科学合理的评价人才的综合素质、如何通过人才评价促进人才的成长和发展，必须通过科学的可信的方法来判定。

服务内容由具体服务对象来决定，高校图书馆人才评价咨询服务的对象主要分为一线科研人员、院系管理决策人员和学校职能部门的管理决策人员，因此高校图书馆开展人才评价咨询服务可以相应地将服务内容分为两个层面。

一、一线科研人员对人才评价的需求

课题组的科研人员是科研活动的主体，直接从事科研活动，对他们的人才评价咨询服务可以围绕其研究成果的影响力、所在学科的影响力、同行人才分布等方面展开。

首先，科研人员渴望了解自己的研究成果的影响力和被关注度，希望了解自己在某所学校、某一学科的影响力，策划组织杰出人才与优秀团队、科研项目以及科研奖项的申报工作。统计科研成果，组织科研绩效评估，进行经费分配和科研奖励。整合学科资源，开展重点学科及重点科技基地建设，培育新的学科增长点。此外，在高级岗位申请、职称晋升、高层次人才计划申请、奖项申报、项目申报等过程中，他们需要出具本人及研究团队的科研能力证明材料。学生选择深造的机构和导师时，需要针对感兴趣的学科方向了解相关机构、研究者、科研团队的学术影响力。

其次，科研人员还需要及时发现和跟踪同行的科研进展，了解和借鉴他人的研究成果、所采用的研究技术与方法，从而指导和不断调整自己的研究方向，提高自己的科研效率。图书馆可以结合科研人员的实际需求，根据用户提供的所关注同行研究者的信息及所关注的期刊、会议、科研项目和专利信息，提供给用户包括期刊及会议论文跟踪、科研项目跟踪、专利跟踪和获奖跟踪，以及同行发文及被引情况跟踪等情报分析服务。对于学校学科发展规划中的重要研究领域，科研人员在制定研究计划或申请项目时，还会十分关注相关领域内有哪些国家、机构和研究者在从事相关研究、已经取得的研究成果是什么、面临的重大问题是什么、相关关键技术是什么、近期研究热点是什么、未来发展趋势如何、自身的竞争优势如何等。

最后，他们希望便捷地了解自己所研究课题中的人才分布和群体结构。因此，图书馆需利用自身的资源、技术和人员优势，积极开展人才研究与评价，为校内教学科研人员在科研立项、课题评估方面提供必要的服务。

二、高校决策管理人员对人才评价的需求

图书馆可以采用文献计量学研究方法，从学术产出的视角为学校职能部门的人才评价工作提供客观数据，这也是图书馆提升服务效能与服务品质的有效举措。院系和学校职能部门的科研管理决策人员虽然职能各有侧重，但都承担着院系和学校学科总体发展规划、科研部署和行政管理等任务，所以对服务的需求集中在对机构科研实力评价、人员学术成果及影响力和学科发展态势分析等方面。面对这个层面的人才评价咨询服务可以围绕以下几个方面开展。

首先，“学科建设是高校工作的重点，而重点学科建设又是重中之重，是备受关注的龙头。重点学科建设是学校的核心竞争力，学校能不能快速发展，关键取决于学科建设的成果。”对院系科研人员个人和学术团队成果的展示及研究实力的分析，通常是科研管理与决策部门进行科研人员绩效评估、留任、晋升、人才引进及按个人、团队和部门分配资源方面的参考依据之一；同时，管理部门经常需要在学校内部的各院系之间配置资源，因而迫切需要全面了解院系的科研发展情况，需要把握校内教学科研人员的学术水平、科研能力，清楚本校各学科人才在同行之间的地位、国内外的影响力等。针对这些需求，图书馆基于机构科研成果，对院系总体发表与收录论文数据进行分析、归纳、挖掘和对比，从作者、机构、合作情况、影响力对比、总体学术表现及全球定位等多个方面揭示学科研究发展现状和趋势。这是当前国内外文献计量领域理论和方法的实证应用，其研究结果也是绩效评价、政策决策的重要参考依据。

另外，在学科建设工作中，人才引进与培养工作开展的好与坏，将直接关系到学科建设工作能否顺利地开展，关系到能否成为国内外一流的知名大学。因此，识别出较有潜力的领域和科研团队，熟悉各学科的领军人才，关

注国内外的学科人才和团队具体情况，及时了解学科人才流动与分布，也是高校决策管理人员的重要工作之一。但是，在各大学人才引进的实际过程中有不少让人困惑的地方，例如人才引进的评价标准不科学，对需要引进什么层次的人才及拟引进人才的科研潜力和效益认识模糊不清。没有规划和合理地引进，经常出现学科急需的人才没有及时引进，或者引进的人才达不到预期的价值和目标。或者对拟引进人才的学历、专业背景和年龄缺乏科学合理的分析，尤其是缺乏对人才内在品质的深入了解，在这种信息的不对称中，所引进的高层次人才难免出现名不副实的情况。人才引进过程中的跟踪调查，缺乏科学有效的评价机制，没有对引进的人才是否具备真正的优质性进行有效的验证。因此如何做好高校人才引进工作不仅成为高校创建高水平大学的难点问题，而且成为不少高校的发展瓶颈。

作为为高校提供信息服务的大学图书馆，更应与时俱进，开展与本校学科事业发展相关的人才评价咨询服务。图书馆要密切关注国内外的学科人才流动与变化，准确把握本校的发展方向与地位，针对可能的人才评价需求（见图 3-1）制定科学的人才战略情报，从而使学校在激烈的人才竞争中处于主动地位。

图 3-1　人才评价需求

总的说来，图书馆针对某一机构及其子机构的人才评价咨询报告，将有助于一线科研人员本身及其管理部门准确把握人才目前在国内外所处的位置，科学判断机构所面临的竞争态势，合理分配科研资源。图书馆完全可以为高校人才评价更好地发挥作用，为学科建设和人才培养提供支撑。

参考文献

[1] 沈田．信息生态背景下拔尖创新人才信息素养培养研究［D］．中国地质大学，2012.

[2] 刘姝．泛在图书馆环境下学科馆员泛在化服务的实践［J］．大学图书馆学报，2012，02：74-76，113.

[3] 翟辰敏．图书馆参考咨询服务发展演变研究［D］．郑州大学，2016.

[4] 李洁．国外参考咨询服务新进展及其启示［J］．农业图书情报学刊，2016，07：174-177.

第四章　支持人才评价咨询服务的资源和工具选择

在进行人才评价时，论文的数量与质量是衡量其学术成果的重要因素之一。现实中由于各个研究者的论文数量和质量上都存在着差异，这给论文成果的评价过程造成了一定的阻碍，尤其是评价的研究者数量较大时，需要寻找更加简捷有效的方法，优化评价的过程。这其中针对论文产出、论文发表指标的分析，数据库和工具的选择尤为重要。本章介绍了支持人才评价的常用数据库以及分析工具。

第一节　支持人才评价咨询服务的常用数据库介绍

一、Web of Science™

Web of Science（简称 WOS）是美国科学信息研究所（Institute of Scientific Information，简称 ISI）（原汤森路透，现为科睿唯安）于 1997 年推出的功能

强大的组合检索平台，[1]由7个数据库组成，内容包含来自自然科学、社会科学、艺术及人文科学等多学科领域具有高影响力的1万多种期刊、有超过12万种国际会议录以及书籍、丛书、报告及其他出版物的信息。Web of Science包括传统的三大引文数据库Science Citation Index Expanded（SCIE）、Social Sciences Citation Index（SSCI）以及Arts & Humanities Citation Index（A&HCI）；以及著名的会议引文数据库：Conference Proceedings Citation Index-Science（CPCI-S）和Conference Proceedings Citation Index - Social Sciences & Humanities（CPCI-SSH）；新近的数据库Emerging Sources Citation Index（ESCI）。除此之外还包括两个化学数据库：Index Chemicus（IC）和Current Chemical Reactions（CCR-Expanded），用于查找化合物、化学反应和反应数据。

2002年，ISI推出了包括ISI自建资源、合作资源以及其他外部资源的大型知识整合平台——Web of Knowledge，简称WOK，旨在向用户提供多学科、多类型资源的统一平台，使用户能够实现一站式的检索。WOK以二次文献信息为主，数据库基本涵盖了全球所有研究领域，包括生命科学、医学、农学、物理工程、行为科学、社会科学以及艺术人文科学等各个学科，也包括全球的发明专利及其他网络资源等。通过强大的检索技术和基于内容的连接功能，将高质量的信息资源、独特的信息分析工具和专业的信息管理软件无缝地整合在一起，兼具知识的检索、提取、分析、评价、管理与发表等多项功能，从而大大扩展和加深了信息检索的广度与深度，为科学发现与创新提供了前所未有的方法和途径。

在内容上，ISI Web of Knowledge以Web of Science为核心，凭借独特的引文检索机制和强大的交叉检索功能，有效地整合了学术期刊（Web of Science，Current Contents Connect）、发明专利（Derwent Innovations Index）、化学反应（Current Chemical Reactions，Index Chemicus）、学术专著（Current Contents

Connect)、研究基金(ISI eSearch)、网络开放学术资源(External Collections)、学术分析与评价工具(Journal Citation Reports 和 Essential Science Indicators)、学术社区(ISI HighlyCited. com)。在 WOK 平台上还可以检索其他多个重要学术信息资源,其中包括:BIOSIS Previews(生物学文献数据库)、INSPEC(科学文摘)、MEDLINE(医学文献数据库)、FSTA(食品科学与技术文摘数据库)、PsycINFO(心理学文献数据库)、AGRICOLA(农业文献数据库)等,向全球学术工作者有效地提供了自然科学、工程技术、生物医学、社会科学、艺术与人文等多个领域中高品质的学术信息。

在功能上,ISI Web of Knowledge 提供了强大的知识发现与管理工具,不仅可提供独特的引文检索、主题检索、化学结构检索、基于内容与引文的跨库交叉浏览,还提供了用于访问、分析和管理研究信息的工具和多种服务功能,其中包括:跨库检索、检索结果的信息分析、检索结果的信息管理(与 EndNote, Reference Manager, ProCite, WriteNote 等文献管理软件兼容)、定题跟踪通报(Alerting)服务、引文跟踪和全文链接等。

(一)科学引文索引(SCI)

《科学引文索引》(Science Citation Index,简称 SCI),由美国科学信息研究所(Institute of Scientific Information,简称 ISI)出版和提供服务。从 2002 年起 ISI 隶属加拿大汤姆森集团(The Thomson Corporation),称 Thomson ISI。2008 年 4 月 17 日,汤姆森集团与英国路透集团(Reuters Group PLC)合并组成了商务和专业智能信息提供商,即为现在的科睿唯安(Clarivate Analytics),SCI 也随即由科睿唯安出版发行。目前在国内使用最多的是 SCI 网络数据库,全称叫做 Science Citation Index Expanded(简称 SCI-EXPANDED 或 SCIE),所收录的数据最早回溯至 1899 年,是自然科学领域的综合性检索工具,是了解全世界科技期刊出版信息的最重要窗口。

SCI 所涵盖的学科被划分为 188 个，主要涉及以下领域：农业、天文学、生物化学、生物学、生物工艺学、化学、计算机科学、材料科学、数学、内科学、神经系统科学、肿瘤学、小儿科、药理学、物理、植物学、精神病学、外科学、兽医学、动物学等，但侧重基础理论研究。以网络版为例，其选材来源于世界上近 80 个国家和地区的 8 224 种期刊。SCI 不仅是针对科学期刊文献的多学科索引，也包括了其收录文献中所引用的参考文献。数据库周更新，平均每周增加 19 000 条新记录，年新增大约 988 000 条引用的参考文献。

SCI 数据库特点如下：

（1）收录面广，综合性强

SCI 数据库收录自然科学方面 170 余个学科的数据，是基础理论研究方面的大型综合性参考数据库，学科覆盖面广，综合性强。

（2）权威度高

SCI 数据库的建立是有科学的文献计量学依据的，它根据文献之间的引证与被引证关系，将在特定时限内被引频次最高的期刊选录进来，且每年更新，这样选取的期刊均是自然科学各领域核心的、质量较好的期刊，其权威度很高。

（3）编制独特

SCI 和一般的参考数据库不同，它是将引文索引原理应用而编制的第一种数据库。它除了反映论文本身的各项信息，还将其参考文献即引文作为重要的揭示对象和检索点加以反映，因而形成了一种独特的检索语言和检索方法。

（4）功能强大

SCI 数据库的功能十分强大，它除了能够进行一般的检索之外，其引文索引更是提供了一个新的检索入口。引文索引能够揭示文献之间的相互关系，将相关领域的文献很好地组织起来，对用户而言，无形中获取了更多有价值的检索结果，实现了扩展检索的功能；另外，随着科学的进步，学科交叉、新兴和边缘学科等情形不断出现，仅靠范畴和主题的限制有时会漏掉重要的检索结果，而从引文索引的角度进行查询，无论涉及哪个学科或领域，只要它们之间存在引证或被引证的关系，便可被检索出来，保证了检索的全面性。

（二）社会科学引文索引（SSCI）

Social Science Citation Index（社会科学引文索引，简称 SSCI），由美国 ISI（原汤森路透，现科睿唯安公司）出版和提供服务。1973 年，ISI 将引文索引法应用于社会科学领域，出版了针对社会科学期刊文献的多学科索引《社会科学引文索引》（SSCI）印刷版，现在由科睿唯安提供服务。

SSCI 目前所收录的数据最早回溯至 1956 年，截止到 2010 年 12 月该数据库收录的期刊为 2 803 种。同时还从 3 700 多种世界一流科技期刊中单独挑选涉及社会科学研究的论文收录到数据库中。涵盖的学科领域包括：人类学、历史、行业关系、信息科学和图书馆科学、法律、语言学、哲学、心理学、精神病学、政治学、公共卫生学、社会问题、社会工作、社会学、药物滥用、城市研究、女性研究等。

数据库为周更新，每年大约新增 15 万条记录、31 万条引用的参考文献。自 1992 年 1 月起，近 60%的文献包含英文作者详细摘要，1990 年以前几乎没有标引文摘。SSCI 除了能检索文章被引用的情况外，同时还可以揭示原文中所有的参考文献，并据此获得一批相关文献，是社会科学领域研究人员获得参考文献，评价学科发展的最有效、最具权威性的参考工具。

（三）艺术与人文科学引文索引（A&HCI）

Arts & Humanities Citation Index（艺术与人文科学引文索引，简称 A&HCI），创建于 1978 年，由美国 ISI 出版，现在由科睿唯安（Clarivate Analytics）提供服务，是针对艺术和人文科学期刊文献的多学科索引。

A&HCI 目前所收录数据的最早回溯年为 1975 年。截止到 2010 年 12 月，完整收录了 1 584 种世界一流的艺术和人文科学期刊。同时还从 8 800 多种主要自然科学和社会科学期刊中单独挑选出相关文章编制到该索引中。所涵盖的学科领域：考古学、建筑学、艺术、亚洲研究、古典文学、舞蹈、民间传说、历史、语种、语言学、文学、音乐、哲学、诗歌、广播、电视和电影、宗教以及戏剧等。

数据库周更新，每周平均增加 2 300 条新记录，新增大约 15 250 条引用的参考文献。自 2000 年 1 月起，包含英文作者详细摘要。

A&HCI 的一项独特功能是它能够检索作为艺术著作（如：书籍、绘画、照片、建筑图纸、音乐乐谱）的引文。这些著作可能会在文章中被提及或复制，但文章作者并没有将这些文献作为正式被引参考文献列在脚注或尾注中，这种情况通常称为暗引，而科睿唯安会根据文献内容将这些暗引的著作标引成被引参考文献。暗引还可以包括书信、手稿、日记和其他主要来源文献的参考文献。为了明确区分暗引与其他引文，暗引的卷字段会包含以下缩写之一：IMP-暗引；ILL-示意图；MUS-音乐乐谱。

（四）与人才评价相关的服务

1. 创建引文报告（Create Citation Report）

引文报告是对检索结果的引文情况进行综合统计分析所产生的报告，包括图表和统计数字（见图 4-1），其中的引文均来源于 Web of Science 收录的期刊。报告内容包括：

（1）检索式、检索条件及检索结果的记录内容；

（2）检索结果集的年度出版情况和年度被引用情况（柱形图）；

（3）检索结果总数、检索结果集的总被引用次数、单条记录平均被引用次数；

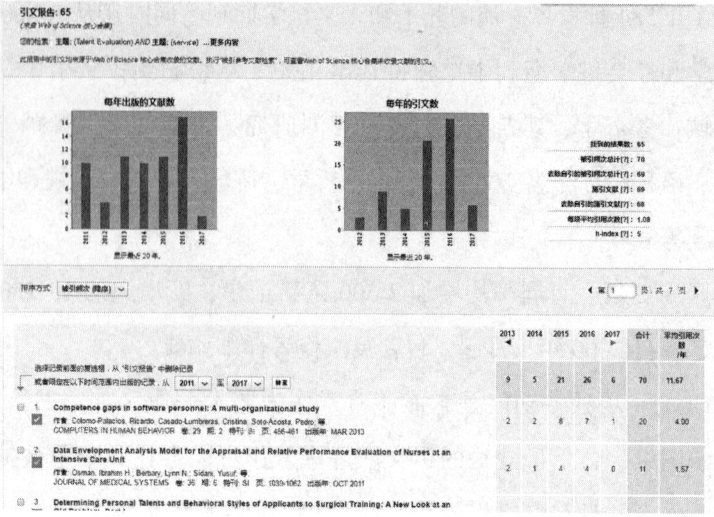

图 4-1　WOS 引文报告显示页面

（4）高被引指数，也称作 h 指数（h-index）。这是一种评价学术成就的新方法。一名科研人员的 h 指数是指他有 h 篇论文分别被引用了至少 h 次。一个人的 h 指数越高，则表明他的论文影响力越大。h 指数基于 WOS 引文数据库的引文数据，要确定一个人在某个时间段的 h 指数，可以在 WOS 数据库中检索出这个人在该时间段发表的所有 SCI 论文，将检索结果按照被引次数从高到低排列，并依次核对，直到某篇论文的序号大于该论文被引次数，该序号减去 1 就是 h 指数。WOS 会自动计算被检索作者的 h 指数，在引文报告中有一个分隔标记线，标记线上部的最大序号即为 h 指数。

（5）单篇文章年度被引次数、总被引次数、年均被引次数。

2. 引证关系图（Citation Map）

引证关系图是一种示意图，利用各类可视化工具和技术来揭示某篇论文（即后面提及的目标文献）与其他论文（目标文献的参考文献和施引文献）之间的引用关系。引证关系图包含指定的目标文献引用了哪些文献，哪些文献引用了目标文献，而且将目标文献的参考文献和施引文献直接发生了关联（见图4-2），引证关系图可以为研究人员撰写综述或者跟踪课题提供很好的帮助。

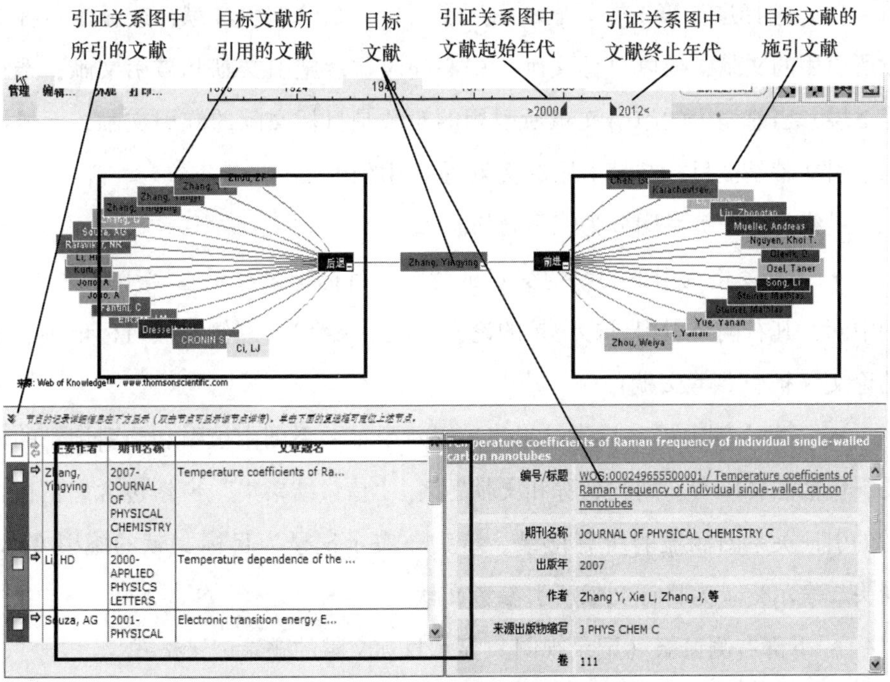

图 4-2 WOS 施引和被引双向引证关系图

资料来源：肖珑等 . 数字信息资源的检索与利用（第二版）[M]. 北京大学出版社. 2013，第 65 页

论文引证关系图的作用：作为一种研究工具，科学论文引证关系图可以揭示科学文献间的相互继承关系。利用引证关系图可以帮助研究人员快速深入了解科学研究课题发展的来龙去脉，追踪历史，把握现状，预测未来，也可以从论文引证关系图看出研究者之间的关系。

创建引证关系图：在目标文献的全记录页面上，选择“引证关系图”链接即可。创建过程中需要注意：

（1）选择方向：“前向引证关系”显示施引文献，即引用目标文献的文献；“后向引证关系”显示被引文献，即目标文献所引用的文献；“施引和被引”则揭示双向引证关系，同时显示被引和施引记录。

（2）选择层：第1层只显示引用了目标文献的施引文献，或显示目标文献所引用的文献，或以目标文献为中心同时显示施引文献和被引文献；选择第2层，当前显示的施引文献所引用的对象是目标文献的施引文献，而显示的被引文献是被目标文献引用的文献所引用的记录。

最终的引证关系图分为三个窗格。

- 上部窗格为引证关系的交互示意图，目标记录显示在“引证关系图”的中间；其右侧是引用目标记录的论文（施引文献）；左侧是被目标记录引用的论文（被引参考文献）。

- 下部左侧窗格（检索结果集）显示引证关系图中被引和施引记录的概要，包括主要作者、期刊名称和文献题名。“检索结果集”窗格包含您正在查看的引证关系图涵盖的所有记录。箭头⇨表示记录为目标文献的施引文献；箭头⇦表示记录为目标文献所引参考文献。

- 下部右侧窗格（记录视图）显示目标文献的题录记录格式。

3. 创建引文跟踪

要定制引文跟踪服务必须首先要注册并登录，在欲跟踪文献的全记录格式页面，单击“创建引文跟踪”链接即可。每次有新的文献引用此文章时，系统会自动发到用户邮箱里。注：此项服务需要向 Web of Science 订购，之后在“我的引文跟踪”栏目即可打开“我的被引文章列表”，修改引文跟踪设置，或删除被跟踪引文的文献。[2]

二、Scopus

Scopus 数据库是 Elsevier 公司于 2004 年底推出的、由全球 21 家研究机构共同设计开发的综合性的科学文献检索工具。Scopus 是全球最大的、同行评审的文摘及引文型文献数据库，并配备多种文献计量工具帮助用户对科研内容进行跟踪、分析和可视化研究。[3]

Scopus 涵盖了来自全球 5 000 多个出版商的超过 21 900 多本期刊的内容，其学科范围覆盖生命科学、自然科学、医学、社会科学和人文艺术四大类。收录记录超过 5 400 万条，最早可追溯到 1823 年，其中 84%的条目收录了自 1996 年以来参考文献的内容。它是目前收集科学文献最全面的摘要与索引数据库，是世界上最大的二次文献数据库，也是国内学者了解学术研究热点及动向的重要窗口。

（一）Scopus 的作用

除了学科范围广泛之外，Scopus 还具有强大的检索功能：检索界面包括文献检索、作者检索、机构检索、高级检索；用户可以根据检索需求选择检索界面，设置字段、输入检索词后进行检索。Scopus 可以对研究人员发表的学术论文从发文数量、被引情况、h 指数等方面进行学术评价和学科热点趋势分析，具体应用包括：

（1）研究者的学术评价

在作者检索的界面中，可以查询研究人员发表论文的整体情况以及每年的文献发表书目变化。通过引文跟踪器能够查询研究者发表论文的被引情况，包括该研究人员的所有被引文献、总被引的次数以及每年的被引次数等。同时，Scopus 提供了研究人员的 h 指数信息，可以选择将 h 指数以图表的方式输出，通过可视化工具更好地呈现出研究人员的科研力。

（2）机构的科研力评价

在机构检索界面中，输入机构名称，即可获得该机构所发表的所有文献、作者、学科领域以及发表时间等信息。通过分析这些信息，从纵向上可以对比自身学术水平和学科研究热点的变化，从横向上可以对比竞争对手机构，识别自身的科研优势和劣势，客观地反映出机构的科研实力。

（3）学科热点和趋势分析

在高级检索中输入学科名称，可检索到该学科的研究现状，如文献数量和文献的发表时间、被引次数较多的核心文献、核心作者等信息。被引次数较多的文献在一定程度上能够代表该学科的研究热点和发展趋势。

（二）与人才评价相关的服务

1. 分析/分析检索结果

对于任何检索来说，用户可以使用分析检索结果功能对结果进行分析。该功能可以给出不同的分析类型，每一种分析类型都可以通过图形或者表格的方式加深用户对结果的理解。此外，用户还可以根据需求设定特定的分析子项目对检索结果进行进一步的加工。

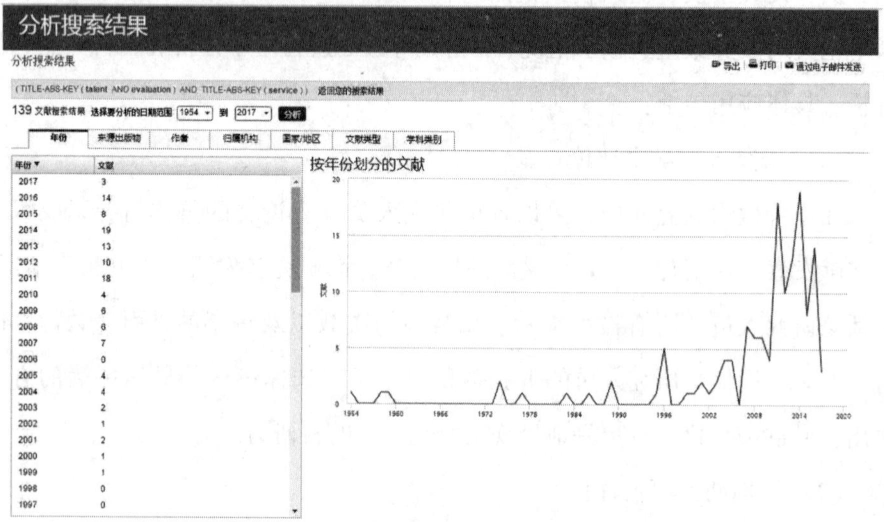

图 4-3　Scopus 某结果页面

资料来源：Scopus 网站

2. 作者检索工具/开始针对作者的检索及作者概览

Scopus 不仅能分析作者的引文指标还可分析某个作者的特定文章。从 author ID，您可以显示该作者的所有文章，引用该作者文章的文献，h-index 及更多信息。

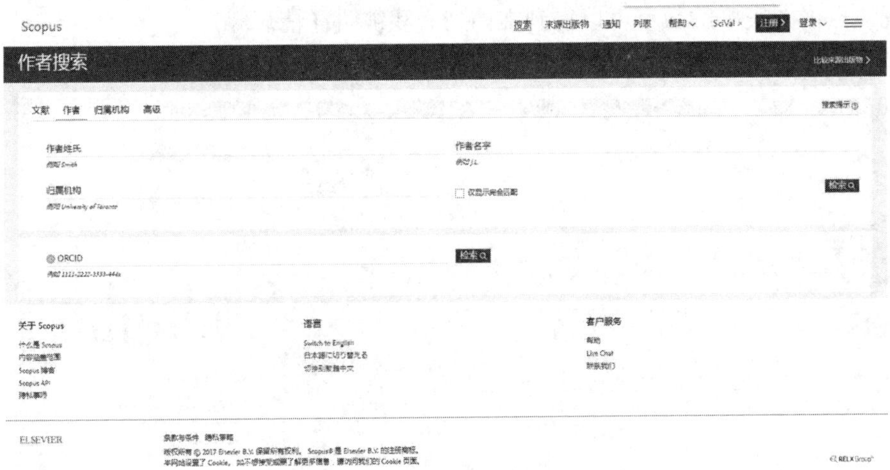

图 4-4 Scopus 作者搜索页面

资料来源：Scopus 网站

作者详情中会显示作者的详细信息，包括发表的文章、所属机构、ORCID 编号、被哪些文献所引用、h 指标以及总体被引用情况分析。文献信息在“Documents”中，用户可以找到所有此作者参与撰写的文献内容。其中“Author evaluator”中，可以图像的形式多角度呈现该作者的研究结果。用户在登陆后可以对感兴趣的作者信息设置提醒或 RSS feed 推送。被引用情况在“citation”字段中，查看该作者所有文章的被引用情况。从总体上对这些引用进行分析。其中“h 指标”是通过作者发表论文数以及论文被引用的情况对作者进行评估的指标。它是根据这样的标准确定：所包含的论文中有 h 篇的被引次数大于或等于这个 h 值。被引用文档最早年份为 1996 年，此指标在"h-index"中以图标形式显示。三个标签档分别代表文档数目、被引数目和共同作者情况（最多至 150 人）。追踪该作者登陆后，通过设置"Author Citation Alert"提醒可以接收到该作者新文章的发表情况以及文章被引用的更新信息。图表分析以图表的格式展现该作者的发表文章以及近 10 年被引用情况。点击图表中的数字可以得到文档列表和被引详情。

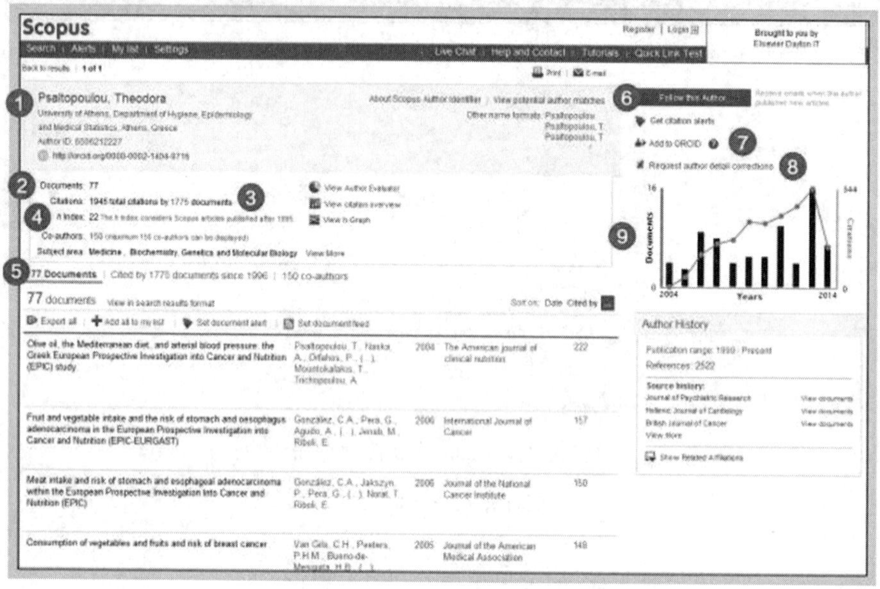

图 4-5　Scopus 作者详情页面

资料来源：Scopus 网站

三、CSSCI

《中文社会科学引文索引》（Chinese Social Sciences Citation Index，简称 CSSCI）是由南京大学中国社会科学研究评价中心开发研制的引文数据库，用来检索中文人文社会科学领域核心期刊发表的论文及论文引用情况。该数据

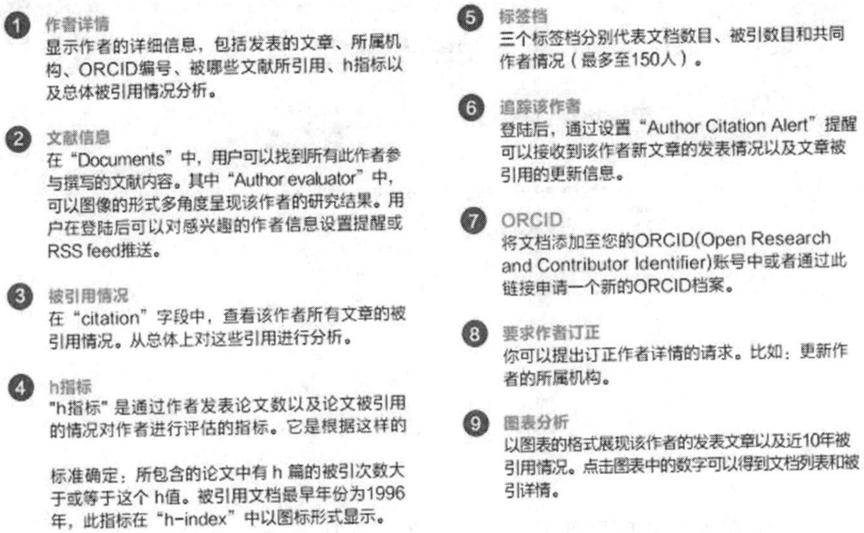

1 作者详情
显示作者的详细信息，包括发表的文章、所属机构、ORCID编号、被哪些文献所引用、h指标以及总体被引用情况分析。

2 文献信息
在“Documents”中，用户可以找到所有此作者参与撰写的文献内容。其中“Author evaluator”中，可以图像的形式多角度呈现该作者的研究结果。用户在登陆后可以对感兴趣的作者信息设置提醒或RSS feed推送。

3 被引用情况
在“citation”字段中，查看该作者所有文章的被引用情况。从总体上对这些引用进行分析。

4 h指标
"h指标"是通过作者发表论文数以及论文被引用的情况对作者进行评估的指标。它是根据这样的

标准确定：所包含的论文中有h篇的被引次数大于或等于这个h值。被引用文档最早年份为1996年，此指标在“h-index”中以图标形式显示。

5 标签档
三个标签档分别代表文档数目、被引数目和共同作者情况（最多至150人）。

6 追踪该作者
登陆后，通过设置“Author Citation Alert”提醒可以接收到该作者新文章的发表情况以及文章被引用的更新信息。

7 ORCID
将文档添加至您的ORCID(Open Research and Contributor Identifier)账号中或者通过此链接申请一个新的ORCID档案。

8 要求作者订正
你可以提出订正作者详情的请求。比如：更新作者的所属机构。

9 图表分析
以图表的格式展现该作者的发表文章以及近10年被引用情况。点击图表中的数字可以得到文档列表和被引详情。

图 4-6 Scopus 某说明页面

资料来源：Scopus 网站

库收录的学科范围主要包括马列、哲学、心理学、统计学、社会学、管理学、民族学、政治学、国际关系、法学、经济学、新闻和传播学、教育学、图书馆学情报学、体育学、语言学、文学、艺术、历史、考古、地理学、环境科学等，涉及社会及人文科学的各个领域。目前收录 25 大类的 527 种学术期刊。1998 年到 2017 年，CSSCI 累积来源文献 100 余万篇，引文文献共计 600 余万篇。[4]

（一）CSSCI 是社科文献信息的重要检索工具

CSSCI 是我国社科文献信息的重要检索工具之一，从文献之间的引证和被引证的角度揭示社科研究成果之间的相互关系，为用户在科学研究中检索相关资料提供了有力的工具。作为社会科学成果计量化统计工具，CSSCI 在社会科学科研管理、科学研究评价方面提供了基本工具和基础数据，应用于人文

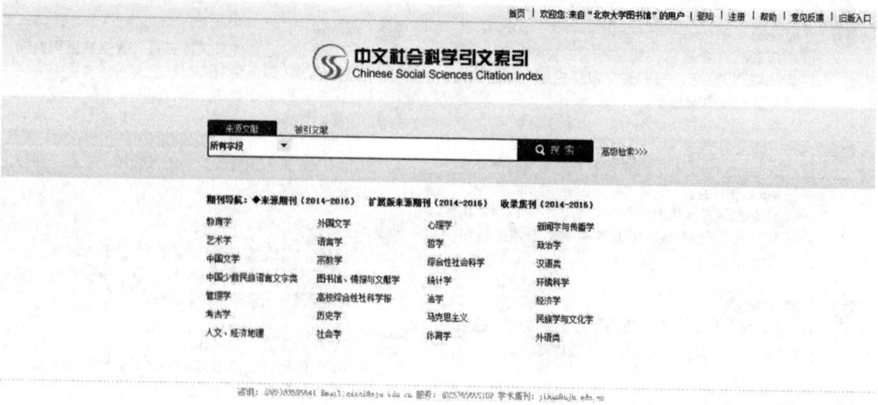

图 4-7 CSSCI 页面展示

社会科学研究领域的项目评审、成果评价、学科评估等方面。

目前，利用 CSSCI 可以检索到所有 CSSCI 来源刊的收录（来源文献）和被引情况。来源文献检索提供多个检索入口，包括：篇名、作者、作者所在地区机构、刊名、关键词、文献分类号、学科类别、学位类别、基金类别及项目、期刊年代卷期等。被引文献的检索提供的检索入口包括：被引文献、作者、篇名、刊名、出版年代、被引文献细节等。其中，多个检索口可以按需进行优化检索：精确检索、模糊检索、逻辑检索、二次检索等。检索结果按不同检索途径进行发文信息或被引信息分析统计，并支持文本信息下载。[5]

（二）CSSCI 是社科文献信息的分析来源

作为我国人文社会科学主要文献信息查询的重要工具，CSSCI 可以为广大用户提供以下服务：对于社会科学研究者，CSSCI 可以从来源文献和被引文献两个方面向研究人员提供相关研究领域的前沿信息和各学科学术研究发展的脉搏，通过不同学科、领域的相关逻辑组配检索，挖掘学科新的生长点，展示实现知识创新的途径；对于社会科学管理者，CSSCI 可以提供地区、机构、学科、学者等多种类型的统计分析数据，从而为制定科学研究发展规划、科研政策提供决策参考。对于期刊研究与管理者，CSSCI 提供多种定量数据：被引频次、影响因子、即年指标、期刊影响广度、地域分布、半衰期等，通过多种定量指标的分析统计，可为期刊评价、栏目设置、组稿选题等提供定量依据。CSSCI 也可为出版社与各学科著作的学术评价提供定量依据。[4]

近年来，CSSCI 在国内尤其是高校的影响和使用也日益广泛，例如：在教育部人文社会科学重点研究基地的申报、评估中，被 CSSCI 收录的论文数和论文引用次数均是评价的重要指标；而近年来在国内产生了较大影响的、每年一度推出大学排行榜的“中国大学评价”中，CSSCI 论文数也是评价一所大学社会科学研究实力的主要指标；此外，一些高校也开始对 CSSCI 论文进行奖励、鼓励教师、科研人员在高水平的学术刊物发表论文，更加注重论文的质量而不是数量。

基于 CSSCI 的分析研究学术论文中的引文，蕴含着许多信息。它不仅仅表现了文献之间的联系，更重要的是将这种引用串联成一条引用链，能够发现新的研究领域和学科的形成过程。苏新宁等学者[6]详细分析并指出引文索引能够帮助分析学科研究特征，探索学科研究的热点和趋势等。另外，通过论文的跨学科分析，可以挖掘出隐藏其中的学科交叉点，找到学科研究新的增长领域等。

1. 学科研究特征分析

如何通过引文分析来发现学科的研究特征，这是我们在研制引文索引之初就一直在思考的问题。我们充分分析了引文索引可著录项目，特别是能够反映学科特征的引用文献，通过测试并与各学科专家交流，发现可以通过引文分析来客观地评价学科的研究特征。

（1）学科学术规范度及学科活跃度分析

在统计了不同学科的引用文献数量，并进行了学科间的比较后，可以发现学科间的差异，这个差异实际上也反映出一个学科研究群体的学术规范程度、研究习惯、研究深度、治学态度、治学风范和学术道德。例如，作为求真求实的历史学学科，研究中需要大量的文献考证，分析多家之言，从历史学论文的引文数量上也反映出这一点，该学科论文的平均引文数量已达到20篇左右，而新闻学与传播学论文的篇均引用文献数量只有4—5篇[7-8]。任何一项研究通常是建立在他人的研究基础之上，其成果不可能是空中楼阁，需要借鉴、引用他人成果。一般来说，研究深度越深，引用的文献相对会越多。一个学科整体学术规范程度越高，引用的文献也相对较多。从逐年的引文数量比较来看，2000年CSSCI收录的论文的篇均引用文献数量只有4.6篇[7]，到2011年已达13篇左右[4]，说明我国人文社会科学学术研究的整体规范度正朝着更加良好的方向发展。另外，从各学科文章类型的统计数据可以反映出这一学科的一些特征，如评论性文章较多说明这一学科注重学术批评，学术活跃；综述性文章则可以帮助学界进行学术回顾和反思。这两类文章是促使学科健康发展的重要组成部分。

（2）学科研究的国际化程度分析

学科研究的国际化程度可从两个方面体现出来：其一，是否在国外发表了大量的论文；其二，是否和国外研究领域密切关联。从引文分析的角度进行引用文献语种的统计比较，就可以从一个方面来分析该学科研究的国际化程度。引用文献的语种分析可以发现一个学科的研究与国外研究接轨的状况，如对国外研究成果、学术理念、研究方法的引入情况。通过对引用文献的语种分析，也能看出一个学科研究人员的整体语言能力和获取学术资源的范围。一般说来，引用外文文献较多的学科，该学科研究的发展较为迅速，与国外研究接轨的能力也越强。

（3）学科的成熟度与成长性分析

一般来说，在人文社会科学中，图书所反映的研究成果比论文更加成熟一些，而论文由于出版周期短，也代表着学者的即时研究成果。因此，借助引用文献的类型分析，可以考察一个学科的成熟度以及学科的新颖度。一般来说，新兴学科以及成长较快的学科，引用文献中期刊论文、研究报告等类型的文献较多；而较古老的学科以及较为成熟的学科，引用文献中图书的比例较大。例如，自然科学整体上发展迅速，其引用的期刊论文占整个引用文献的 70%以上，而人文社会科学的引用文献中 55%以上是图书。通过分析发现，人文科学论文引用的图书较多，基本在 70%以上；社会科学论文引用论文的比例较高，基本在 60%以上[9-10]。这恰恰说明了我国人文科学的发展相对社会科学而言更加成熟一些，而社会科学研究相对人文科学而言发展更快、研究更活跃一些。在对一些学科的引文类型分析中，还发现图书情报学引用网络信息比例很高，已经达到 20%左右，如果从网络的利用水平或者说最新成果的利用方面考虑，该学科确实领先于其他学科，但从学术的严谨度考虑，这个学科应当引起警觉。其一，网络上的信息可信度值得商榷；其二，网络上的信息虽然可信手拈来，但由于可信度存在疑问，应当查阅原文或原出处，否则易养成学术的懒惰性。

2. 重要学术论文和学术著作

在学术研究中哪些论文或著作对学术研究产生较大影响，过去往往来自于专家的推荐，但这些推荐必然存在一定局限性，也可能由于个人的偏见，使推荐图书缺乏全面性和客观性。引文索引恰恰可以弥补专家推荐带来的主观性和局限性，因为引文索引产生的数据完全来自于广大作者在论文中的引用，体现了客观和全面性。

（1）重要学术论文分析

通过统计引文索引中被引论文的数量，可以发现哪些论文得到学者的关注，哪些论文在他人的研究中发挥着作用。当 CSSCI 研制成功五年以后，研制方开始进行这方面的统计分析。统计发现，一些经典的论文，即使发表后 20 年、30 年甚至更长一些时间，依然会被大量引用，而且会发挥越来越大的作用。例如，横跨经济学和公司财务与治理两大领域的大师级学者 Michael C. Jensen 在 1976 年发表在 Journal of Financial Economics 上的文章“Theory of the Firm：Managerial Behavior，Agency Costs and Ownership Structure”，在苏新宁学者的两次报告[7-8]的统计中均排在经济学论文引用的首位，并且被引数量逐年上升，如 2000 年被引只有十余次，2006 年已上升到 110 多次。苏新宁等学者在论文学术影响力统计分析研究中还发现这样一种现象，在我国人文社会科学领域，国外具有很大学术影响的论文即使发表了十年甚至几十年，依然对我国学术研究产生很大影响，而国内具有较大学术影响的论文，发表五年以后，其学术影响力会逐渐减弱。

（2）重要学术著作分析

在人文社会科学领域，著作的影响要大于论文。学者也更看重专著的出版，许多作者在论文发表后，还会将其归集到一本书中出版。因此，讨论图书在人文社会科学中的学术影响，具有十分重要的意义。引文索引为发现重要学术著作提供了非常客观的数据。2007 年开始，苏新宁等学者正式启动了“中国人文社会科学图书学术影响力”的研究，并出版了 158 万字的《中国人文社会科学图书学术影响力报告》[8]（以下简称《报告》），在《报告》中推出了对中国人文社会科学产生较大学术影响的 3 140 本图书，该《报告》在我国国内产生了很大反响，其意义在于，这是一项基础性、开创性的研究，为我国哲学社会科学研究提供了更为有效的参考资源，向学者推荐应当阅读的学术著作，帮助图书馆或研究机构补充馆藏。推动出版社注重学术著作的出版，促进我国哲学社会科学研究的繁荣等。这也是首部全面评价我国人文社会科学图书学术影响力的大型专著。[6]

3. 学科研究热点和趋势分析

借助引文索引分析学科研究热点和趋势，是一个非常有效的途径。借助CSSCI对中国人文社会科学各学科的研究热点和趋势进行了客观、科学的分析，可以产生较好的效果。

（1）学科研究热点分析

借助CSSCI分析学科研究热点的思路与方法：针对每篇文章标引的关键词进行统计，出现频率较高的关键词所涉及的研究领域可视为研究热点。但考虑到只统计一年会出现许多偶然性，因此通常统计分析3—5年的关键词，然后综合分析确定研究热点。在研究热点分析方面，还注重关键词的学科属性分析，同时，也考察关键词所代表的文章的学科分类，找出学科间的研究交叉点，更加有效地确定学科研究热点。

（2）学科研究趋势分析

近年来，有不少学者利用CSSCI进行各学科研究趋势的分析，即未来几年研究热点的预测。采取的方法是，建立CSSCI来源文献中关键词数据仓库，包含有关键词、标引关键词的文章学科、标引各关键词的文章发表时间、各学科领域研究半衰期（根据数据分析得到）等，并对这些数据进行多维关联，为学科研究的趋势分析奠定了数据基础。具体分析方法为：将各关键词各年度的数量变化情况形成队列，提取数量逐年上升的关键词，记录最早出现的年份，计算最早出现年份到当前年份是否大于这个关键词所属领域的研究半衰期。如果小于这个半衰期，并且近几年该关键词也达到一定数量，则预测该关键词所涉及的研究领域在未来几年里将成为重要的研究热点；若关键词的数量虽然在上升但还有差距，可预测为潜在的研究热点；若等于这个半衰期，说明该研究领域正处在高峰阶段，再有一两年将会脱离热点研究领域；若大于这个半衰期，说明该研究领域已经不再是研究热点了。这个预测较为成功，例如2006年苏新宁学者对图书情报研究领域的预测，[11]当时根据这个算法得出结论："图书馆自动化"研究领域将成为过去；"数字图书馆"在未来十年内仍将会是图书情报领域的研究热点；"本体"、"语义检索"、"网格"、"网络计量学"等将成为未来几年的研究热点，这些预测都和后来的研究发展相一致。

4. 学术网络建立

通过学术网络可以发现学术研究中的许多特征和规律，探索学术研究中存在的各类联系关系，对科学研究的发展、繁荣科学研究、探索学科之间的关系都具有促进作用，同时对增进学者间的联系与合作、推荐学术资源的阅读也具有一定现实意义。可以认为，引文索引是探索学术网络最恰当的工具或平台之一。近十年来，利用CSSCI进行了许多有关学术网络的研究。例如，利用作者之间的相互引用关系，构建了作者引用网络，借此发现同领域学者群以及各领域的核心学者；再如，借助期刊间的引用关系，建立了期刊引用网络，并发现同一学科、不同学科之间的期刊中论文的引用关系，由此还发现了一些期刊存在的学术不规范行为，如相互间的互惠引用、期刊间建立引用联盟的循环引用等；为了探寻机构、作者之间的合作研究状况，还可以根据论文合作作者数据建立作者合作网络、机构合作网络、地区合作网络，以此发现合作研究群体、跨机构的合作研究群体等。

四、CSCD

《中国科学引文数据库》（Chinese Science Citation Database，简称CSCD）

由国家自然科学基金委员会和中国科学院共同资助，国家科学图书馆（原为中国科学院文献情报中心）承建开发，创建于1989年，该数据库的编制全面参照了美国“科学引文索引”（SCI）的编制体系，因此被称为中国的SCI。

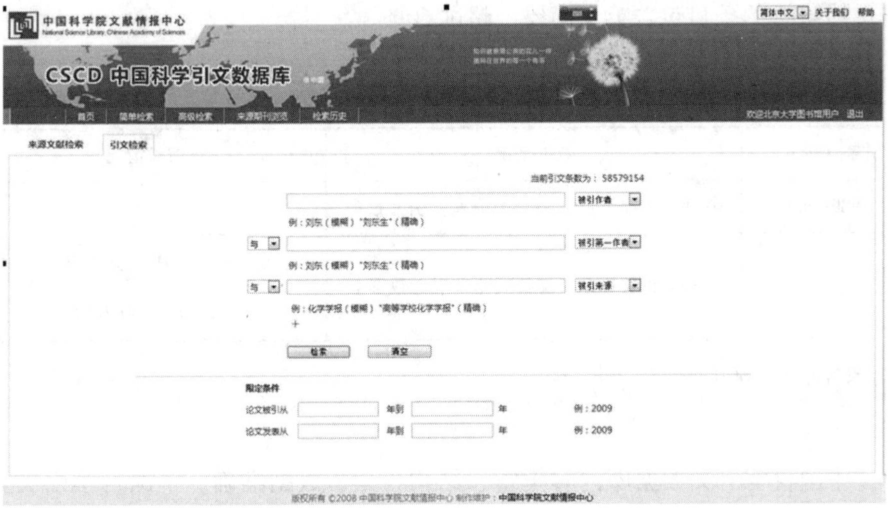

图4-8　CSCD页面展示

CSCD收录的学科范围主要为理工农医，包括数学、物理学、力学、化学、天文、地球科学、生物学、农林科学、医药卫生、工程技术、环境、管理科学等领域，以中国大陆出版的原创性中英文学术性期刊为主要收录对象。

CSCD的来源期刊每两年进行一次评选，按照来源期刊不同，中国科学引文数据库可分为核心库和扩展库，核心库的来源期刊经过严格的评选，是各学科领域中具有权威性和代表性的核心期刊；扩展库的来源期刊经过大范围的遴选，是我国各学科领域优秀的期刊。

作为Web of Knowledge中的首个非英文产品，CSCD收录了约1 200种中国顶级学术出版物，共有近200万条记录，数据回溯至1989年。引文记录超过 1 700 万条，每年新增 25 万条数据。覆盖多个学科的内容，涉及我国数学、物理、化学、天文学、地学、生物学、农林科学、医药卫生、工程技术、环境科学和管理科学等诸多领域出版的中英文科技核心期刊和优秀期刊。大多数论文信息（标题、作者、来源出版物）均提供简体中文和英文两种语言版本。约 40%的条目包含英文摘要，超过 60%。[12]

表 4-1　CSCD 数据情况一览

覆盖时间范围	数据情况	年增长情况
1989-2001	期刊论文题录及中文（中国人）引文数据	
2002	期刊论文题录、文摘及全部引文数据	年增长论文记录 20 万余条，引文记录约 250 万余条

资料来源：CSCD 网站

中国科学引文数据库内容丰富、结构科学、数据准确。中国科学引文数据库还提供了数据链接机制，支持用户获取全文。

CSCD 提供著者、关键词、机构、文献名称等检索点，满足作者论著被引、专题文献被引、期刊、专著等文献被引、机构论著被引、个人、机构发表论文等情况的检索。字典式检索方式和命令检索方式为用户留出了灵活使用数据库、满足特殊检索需求的空间。系统除具备一般的检索功能外，还提供新型的索引关系——引文索引，使用该功能，用户可迅速从数百万条引文中查询到某篇科技文献被引用的详细情况，还可以从一篇早期的重要文献或著者姓名入手，检索到一批发表的相关文献，对交叉学科和新学科的发展研究具有十分重要的参考价值。

CSCD 出版十多年来，依据年度数据进行统计，统计的对象涵盖机构、地区、基金资助、合作研究、人才研究、文献评价等多方面，从论文的产出力和影响力两个层面，较为全面地揭示了我国自然科学领域论文产出及影响的机构和区域分布，揭示了在我国科研领域论文发表最多的学者，排列出在我国科学研究中作者引用率最高的专著和期刊；为广大用户，尤其是科研管理部门提供了一份重要的、量化的参考依据，已在我国科研院所、高等学校的课题查新、基金资助、项目评估、成果申报、人才选拔以及文献计量与评价研究等多方面作为权威文献检索工具获得广泛应用。

《中国科学引文数据库》具有如下的特点和作用：

（1）可以查询各学科领域最重要的核心文献。根据著名的“布拉德福定律”（文献集中定律）——即在少数核心期刊集中了大多数重要文献的客观规律,《中国科学引文数据库》在选择来源期刊时将目标锁定在各学科领域具有权威性和代表性的重要的核心期刊上，选择了涉及数、理、化、天、地、生、农林、医学、工程技术领域的 1 123 种来源期刊，可以使科研人员在短时间内找到大量的科研信息，提高了科研效益；同时有助于科研管理部门对文献计量方法的研究，进而规范科研绩效评价行为。

（2）通过论文产出量和被引用量的统计分析，可以进行各种科学评价。论文产出量可通过引文、著者、机构、关键词、综合等方法进行检索；被引用量的统计分析包括：科学论著被引频次、著者被引频次、机构被引频次等的统计。通过对这些数据进行分析，可以达到评价个人或机构的学术科研水平、追踪学科发展热点、审定期刊质量等效果。以这种计量分析方法进行相关评价，具有很强的科学性、针对性和合理性。

（3）吸纳了美国“科学引文索引”（SCI）数据库的很多优点，如检索系统功能、数据内容的规范等，基本与 SCI 保持一致，可以很方便地满足各种查询需求。

CSCD 除提供文献检索功能外，其派生出来的中国科学计量指标数据库等产品，也成为我国科学文献计量和引文分析研究的强大工具，部分包括：

- 《中国科学文献计量指标数据库》(CSCD ESI Annual Report)

运用科学计量学和网络计量学的有关方法，以 1999 年以来的 CSCD 及 SCI 年度数据为基础，对我国年度科技论文的产出力和影响力及其分布情况进行客观的统计和描述，是了解我国科学研究发展的重要工具。数据库从宏观统计到微观统计，渐次展开，展示了省市地区、高等院校、科研院所、医疗机构、科学研究者论文产出力和影响力，并以学科领域为引导，显示我国各学科领域的研究成果，揭示不同学科领域中，研究机构的分布状态。该数据库适用于科研管理者、情报分析工作者、科研政策制定者及科研工作者等，有助于使用者对我国科研产出的宏观、中观和微观三个层面的了解，了解同行在学术研究中的发展，从而制定定标比超的目标，更好地促进学术的发展。

- 《中国学科文献数据库》

1985 年开始建库，收录国内出版的期刊 1 800 余种和 200 余种国外出版的期刊上发表的研究论文。收录文献的学科范围涉及化学、生物、物理、光学、力学、数学、天文、地理、计算机、电子学、金属腐蚀与防腐蚀和稀土应用等基础研究领域和部分应用技术领域。经过 10 多年的发展，形成了数学、力学、化学、天文学、地学、生物、计算机等 13 个系列学科数据库，2002 年经过重整，形成为数理科学库、化学库、生命科学库、资源与环境科学库和高技术库 5 个学科数据库。数据起始年为 1985 年，基础数据量为 95 万条，年数据增量为 15 万条。

- 《中国科技期刊引证指标数据库》(CSCD JCR Annual Report)

根据 CSCD 年度期刊指标统计数据创建，以 CSCD 核心库为基础，采用期刊论文发文量、基金论文量、发文机构数、篇均参考文献数、自引率、引用半衰期、影响因子、即年指数、总被引频次、自被引率、被引半衰期等指标数据，从不同角度——尤其是从学科论文引用角度——揭示和定位期刊影响力，提供期刊质量评估结果，可以作为期刊竞争情报分析的参考资料、作者投稿的依据、学者阅读期刊的指南、教师及图书馆员推介期刊的参照，也可为图书馆进行期刊管理和开展核心期刊研究提供第一手资料。

中国科学引文数据库已在我国科研院所、高等学校的课题查新、基金资助、项目评估、成果申报、人才选拔以及文献计量与评价研究等多方面作为权威文献检索工具获得广泛应用。主要包括：自然基金委国家杰出青年基金指定查询库；第四届中国青年科学家奖申报人指定查询库；自然基金委资助项目后期绩效评估指定查询库；众多高校及科研机构职称评审、成果申报、晋级考评指定查询库；自然基金委国家重点实验室评估查询库。中国科学院院士推选人查询库；教育部学科评估查询库，教育部长江学者，中科院百人计划等。[12]

第二节 支持人才评价咨询服务的常用工具介绍

一、基本科学指标数据库（Essential Science Indicators）

基本科学指标数据库（Essential Science Indicators，简称 ESI）是由美国科技信息所（ISI）于 2001 年推出的衡量科学研究绩效、跟踪科学发展趋势的基本分析评价工具，是基于科睿唯安 Web of Science 所收录的全球 12 000 多种学术期刊的 1 200 多万条文献记录而建立的计量分析数据库，ESI 已成为当今世界范围内普遍用以评价高校、学术机构、国家/地区国际学术水平及影响力的重要评价指标工具之一。[13]

（一）来源

- 深度的收录范围：来自于全球 12 000 多种期刊的约 1 200 万篇文章。

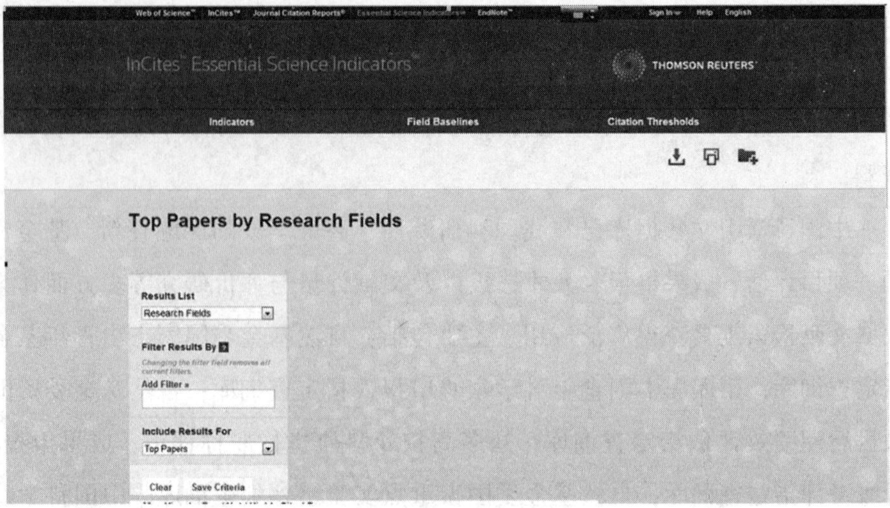

图 4-9　ESI 页面展示

- 名称规范化的机构。
- 客观的科研绩效基准值。
- 提供 10 年期不断增加的数据：每两个月更新一次。

（二）基本功能

ESI 数据库主要是跟踪、监测 ESI 中 22 个学科动态，并对其引文进行有效管理、分析和利用，帮助用户正确认识科学研究的优势和不足，从而优化研究资源配置，为研究的进一步发展提供决策依据。ESI 能统计分析该数据库收录的最近 10 年的论文数据，根据被引频次确定衡量研究绩效的阈值，确定位列全球前 1%的研究机构、科学家、研究论文、全球前 50%的国家/地区以及前 50%的期刊等。

ESI 由引文排位（Citation Rankings）、高被引论文（Most Cited Papers）、引文分析（Citation Analysis）和评论报道（Commentary）四部分组成。高被引论文是指在某个统计时间区间内被频繁引用，引用次数位居同领域前列的论文。

数据库以引文分析为基础，针对22个专业领域，通过计算论文数、引文数、篇均被引频次（Average Citations Per Paper）和单篇年均被引频次（Averages）、平均年份（Mean Year）、标准共引阈值（Normalized Co-citation）、引文阈值等指标，从各个角度对各国科研水平、期刊的声誉和影响力，以及科研机构和科学家的学术水平进行全面衡量，并对当前正在深入研究和有突破性进展的科学领域进行直观反映。

通过该数据库，用户不仅可以了解在各研究领域中最领先的国家、期刊、科学家、论文和研究机构，识别科学和社会科学领域的重要趋势与方向，还能够确定具体研究领域内的研究成果及其影响，评估潜在的人才、合作者和竞争对手，并对彼此的研究成果和竞争力进行评估，从而具备更深层次的战略竞争情报意义。除提供具体数据图表以外，ESI还为用户提供了简要的数据分析指导，并为所有图表提供解释性的链接页面。

ESI对全球所有高校及科研机构的SCI-E、SSCI库中近10年的论文数据进行统计，按被引频次的高低确定出衡量研究绩效的阈值，分别排出位列世界前1%的研究机构、科学家、研究论文，居世界前50%的国家/地区和居前0.1%的热点论文。

ESI针对22个专业领域，通过论文数、论文被引频次、论文篇均被引频次、高被引论文、热点论文和前沿论文等6大指标，从各个角度对国家/地区科研水平、机构学术声誉、科学家学术影响力以及期刊学术水平进行全面衡量。[14]

ESI可以确定在某个研究领域有影响力的个人、机构、论文、期刊和国家，以及有可能影响研究人员工作的新兴研究领域。这种独特而全面的科研绩效信息是政府机构、大学、企业、个人实验室、出版公司和基金会的决策者、管理者、情报分析人员和信息专家理想的分析资源。通过ESI，您可以对科研绩效和发展趋势进行长期的定量分析。基于期刊论文发表数量和引文数据，ESI 提供对 22 个学科研究领域中的机构、国家和期刊的科研绩效统计和科研趋势排名。主要有以下功能：

- 查找某机构已经进入前 1%的 ESI 学科；
- 明确机构在 ESI 学科中的影响力排名；
- 直接获取到某机构在各 ESI 学科的高被引论文/热点论文；
- 灵活的数据导出功能：轻松下载 ESI 各学科所有机构的指标、ESI 阈值和基准值以及研究前沿。

ESI 是对科研文献进行多角度、全方位分析的理想资源，可以帮助研究人员轻松发现所需的信息。通过 ESI 可以分析机构、企业、国家和期刊的研究成效，发现自然科学和社会科学中的重大趋势，按研究领域对国家、期刊、论文和机构进行排名，确定具体研究领域中的研究成果和影响，评估潜在的合作机构，对比同行机构。

二、Journal Citation Reports（期刊引用报告，简称 JCR）

Journal Citation Reports（期刊引用报告，简称 JCR），是原 ISI 公司出版的一种关于期刊评估的资源工具，现在由科睿唯安提供服务。基于 Web of Science 权威的引文数据，使用量化的统计信息公正严格地评价全球领先的学术期刊。JCR 根据对期刊和同类期刊的评价来衡量学术研究的影响力，并且显示引用和被引期刊之间的关系，其开放而中立的期刊评价与分析提供了一个能让用户把握期刊生命周期的分析环境。JCR 在原版的基础上开发并加强了数据及其呈现方式，使其更加全面易用。JCR 与 Web of Science 核心合集的数据相互连接，采用更加清晰、准确的可视化方式来呈现数据，用户可以更加轻松地创建、存储并导出报告。[15]

（一）JCR 的作用

JCR 每年对 WOS 收录的期刊之间的引用和被引用数据进行统计、运算，

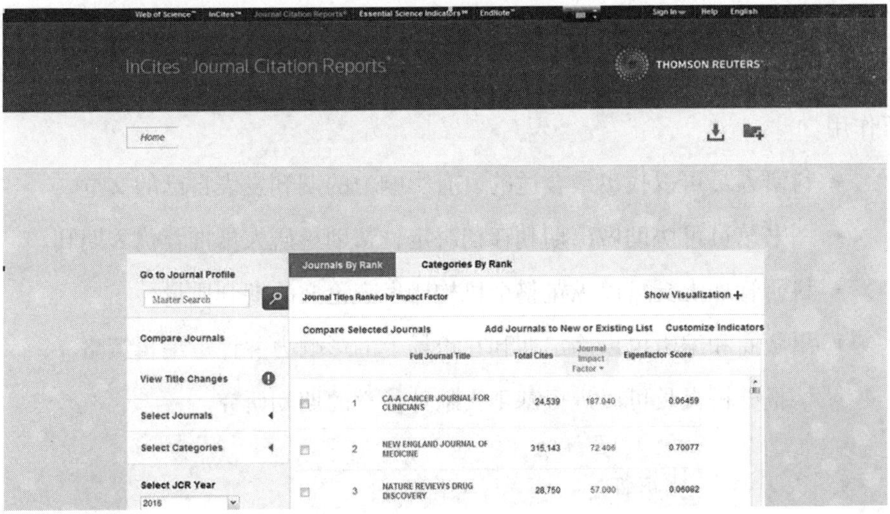

图 4-10 JCR 页面展示

从文献计量学的角度对期刊各项指标进行了深入分析，用引文分析方法及各种量化指标系统地分析了各个学科领域中期刊的相对重要性，揭示了期刊引用和被引用之间的深层关系。其覆盖范围是多学科的和国际性的，期刊选自 60 多个国家的 3 000 余家出版单位。

JCR 覆盖来自于 83 个国家和地区的 230 多个学科的 2 000 多家出版商的 11 000 多种期刊。JCR 收录的是 Web of Science 科学、技术和社会科学领域的全部期刊，在数据库中分为科学（JCR Science Edition）和社会科学（JCR Social Sciences Edition）两部分。根据 2015 年网络版，科学部分涵盖 8 500 种期刊，社会科学部分为近 3 000 种期刊。

JCR 是公认的评价学术期刊的权威工具，通过量化的数据，支持对全球领先学术期刊进行系统、客观的评价。通过结合使用了影响力指标以及组成了完整的期刊引用网络的数百万引用和被引用期刊数据，JCR 提供了相关的内容可以了解期刊在学术文献中的真实地位。

这一分析工具总结了 Web of Science 核心合集数据库中自然科学和社会科

学期刊的引用情况，提供了有关引文成效、引文网络以及已发表文献的数量及类型的详细报告。用户可以各取所需，获得对自己有用的信息。主要有以下作用：

- 科研人员可以找出最合适的、有影响力的期刊发表自己的文章。
- 图书馆员可协助做出期刊存档决定，帮助科研人员推荐优秀期刊。
- 科研管理人员可以纵览整个机构所发表论文的期刊质量。
- 出版商和编辑可以确定期刊在市场上的影响力并评审编辑策略。
- 情报分析人员可以进行基于文献计量学的期刊研究。

（二）JCR 统计指标

JCR 客观地统计了 Web of Science 收录期刊所刊载论文的数量、论文参考文献的数量、论文的被引用次数等原始数据，再应用文献计量学的原理，统计分析期刊的影响因子、快引指数、被引半衰期等反映期刊质量和影响的定量指标，为期刊的评估和核心期刊的确定奠定了基础。[14]

（1）总引用次数（Total Cites）

在 JCR 统计年某期刊的总被引次数。

（2）期刊影响因子（Journal Impact Factor）

影响因子是 JCR 统计和评价期刊的一个重要参数，它是根据特定年限内某种期刊中论文被引总数与论文发表数之比来衡量期刊的影响程度。影响因子是 JCR 评价期刊的一项重要指标，根据一定期限内期刊平均被引频次的高低来衡量期刊的影响程度是比较科学的。期刊影响因子也是 ISI 选刊的一个重要因素。

（3）期刊 5 年影响因子（5-Year Impact Factor）

JCR 统计年的前 5 年（相对于统计年）发表的文章在统计当年被引次数总和除以该刊前 5 年的发文总量。

（4）学科集影响因子（Aggregate Impact Factor）

学科领域范围内所有期刊前两年（相对统计年）发表的论文在统计当年被引用总次数除以该学科领域所有期刊在前两年内发表的论文总和。

（5）快引指数（Immediacy Index）

快引指数是根据某种期刊当年发表的论文在当年的被引比率来反映期刊的影响程度的，也是JCR统计和评价期刊的重要参数。期刊的快引指数越大，说明该刊当年被引的频次越高，也相对地说明该刊的核心度和影响力较强，其所发表的论文品质较高、较为热门。快引指数比较高的期刊一般是那些主要刊载多学科的、在某方面具有突破性和开创性的研究文章，这些文章一旦发表很快就会被引用。

（6）被引半衰期（Cited Half-Life）

期刊的被引半衰期是以“被引期刊”（Cited Journal）的数据为依据的。半衰期一般只统计10年的数据，如JCR 2010版只统计2001—2010年。半衰期是一个介于1与10之间的数字。半衰期如果大于10，系统将不再进行统计；一般来说半衰期是一个截至小数点后第一位的数字，其整数部分是以被引累积百分比小于或等于50%的年代数为准的。被引累积百分比是根据从2001—2010年之间的某一年度到2010年的被引数之和与总被引数之比得出的。

（7）引用半衰期（Citing Half-Life）

引用半衰期的含义及功能同被引半衰期，只不过其数据是以“引用期刊”（Citing Journal）为基准的。

（8）特征因子分值（Eigenfactor Score）

特征因子分值的测度是基于过去5年中期刊发表的论文在JCR统计当年的被引用情况。与影响因子比较，期刊特征因子分值的特点有：①特征因子考虑了期刊论文发表后5年的引用时段，比影响因子的2年引文时段，更能客观地反映期刊论文的引用高峰年份；②特征因子对期刊引证的统计包括自然科学和社会科学，更为全面、完整；③特征因子的计算扣除了期刊的自引；④特征因子的计算基于随机的引文链接，通过特征因子分值可以较为合理地测度科研人员用于阅读不同期刊的时间。

（9）论文影响分值（Article Influence Score）

论文影响决定了一种期刊论文发表后的前5年的平均影响力，论文影响分值的计算方法是期刊的特征因子分值除以该期刊的发文量在所有期刊的全部论文中所占的比值，这个指标大致类似于5年期刊影响因子，是一个5年期内期刊引文影响与期刊论文贡献大小的比率。论文影响分值中间值为1.00，论文影响分值大于1表示期刊的每一篇论文的影响力大于平均水平，反之小于平均水平。

三、InCites

InCites™数据库的评估数据来源于美国科睿唯安科技信息集团在汇集和分析WOS收录了全球12 000多种权威期刊文献数据，综合各种计量指标和30年来各学科各年度的国际标杆数据，于2011年经过机构名称规范化整理和数据的高度综合而形成的一个新型科研绩效评价工具。能够为科研管理人员提供科研项目管理、人才评价、学科建设评价、科研合作等方面决策的分析结果与数据支撑；能够提供全球基准数据用于将本机构与其他机构进行横向对比，掌握本机构在全球各学科领域的相对位置。由于该数据库新增了一些ESI和JCR中没有的、基于全球、国家和地区、学科平均水平的定标比超分析和评价指标，因此，能够较为全面和客观地评价一个机构的学术影响力，并进行横向比较。[16]

（一）InCites™数据库数据来源

InCites™数据库基于科睿唯安Web of Science™核心合集七大索引数据库的

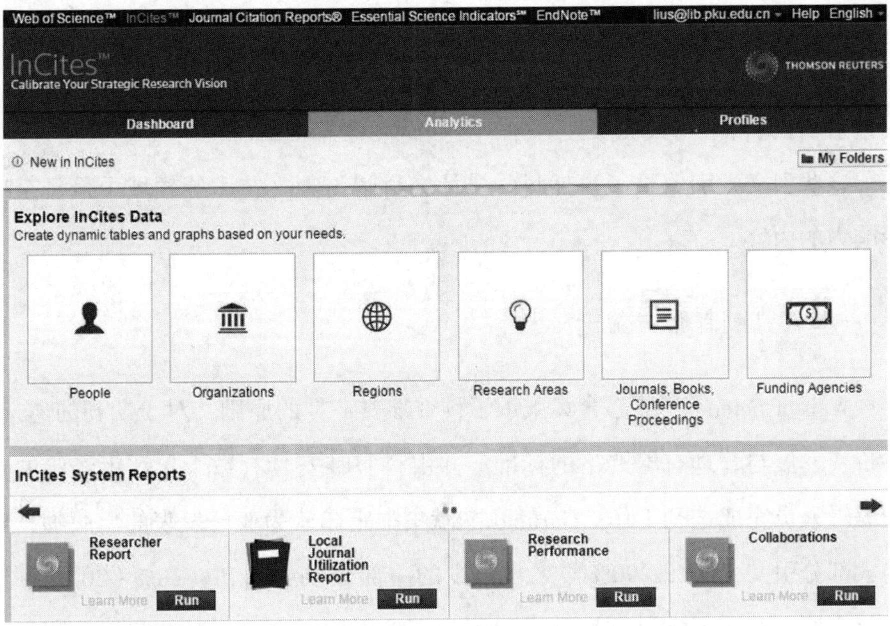

图 4-11 InCites 页面展示

数据进行出版物计数和指标计算，七大索引数据库合集涵盖了超过 12 000 种期刊、超过 160 000 种会议录以及 53 000 本学术典籍。目前 InCites™数据库提供了 1980 年至今的全部文献类型的出版物，数据与基线每两个月更新一次。

Web of Science™核心合集数据库主要由以下 8 大索引数据库组成：

- Science Citation Index-Expanded™（SCIE，科学引文索引）
- Social Sciences Citation Index™（SSCI，社会科学引文索引）
- Arts & Humanities Citation Index©（A&HCI，艺术人文引文索引）
- Conference Proceedings Citation Index™ - Science（CPCI-S，会议论文引文索引-科学版）
- Conference Proceedings Citation Index - Social Science & Humanities（CPCI-SSH，会议论文引文索引- 社会科学与人文版）
- Emerging SCI

• Book Citation Index – Science™（BKCI-S，图书引文索引-科学版）

• Book Citation Index – Social Sciences & Humanities（BKCI-SSH，图书引文索引-社会科学与人文版）

这些引文索引收录了自然科学、社会科学与人文艺术等领域中最具全球影响力的内容。

（二）期刊评估与筛选

Web of Science™核心合集秉承了科睿唯安一贯的原则，对于期刊的遴选、评价、发展与管理有着严格的标准，并由科睿唯安具有数十年评审经验的专业编辑人员完成选刊工作。Garfield 文献集中定律认为业已发表的出版物，其绝大部分引文（80%~90%）来自很少的一部分核心期刊（10%~20%），这些核心期刊在众多学科领域被广泛而频繁地引用。因此，对这些核心期刊的识别与收录，可以为科研共同体中的基础研究与高影响力研究提供强大的、多学科的数据资源。区域性期刊以及新兴学科的收录使得核心合集更加完善地覆盖了学术研究的各个领域和地理区域。科睿唯安作为非期刊出版商，对期刊内容的评价客观与公正。期刊的学术贡献、引文影响力、出版时效性以及书目标准被逐一详细分析，商业出版社和学术期刊均采用同一评估标准。收录刊物形式多样，包括印刷版、电子版、或两者的混合版，可以为传统订阅的期刊，也可以是开放获取的期刊。

（三）文献计量学数据要素

Web of Science™核心合集的内容来源被逐一详细索引，这意味着每个学术项目和所有重要文献类型（完整的文献类型表单请参阅附录）都包含在内。InCites™数据库可以通过添加筛选条件选择感兴趣的文献类型。来源出版物的书目信息被严格抓取和控制。在收录标准科学文献的书目要素（题目、作者、来源等）的同时完整的参考文献的数据也被收录。作者提供 Web of Science™ 中所有出版物完整的作者名单，包含姓、名（2008 年至今）、姓名缩写。作者信息可以同时与 Researcher ID 相关联。

（1）Researcher ID

超过 270 000 的作者拥有自己的独特 ID，这为作者姓名消歧过程提供了巨大的帮助。Researcher ID 与源数据全面整合，每位作者名下的出版物均配有唯一的标示符。

（2）机构

除了作者姓名，每本出版物的作者单位也被收集。这些信息来自源出版物本身，包括组织名称、所在城市、州或省、邮政编码、国家或地区。InCites™数据库中显示了完整的可以被搜索的组织名称。2008 年以后的作者姓名与其出版物中列出的附属机构相关联。这项包含所有附属机构的政策对于多作者、多机构的论文具有重大意义，所有作者的机构信息都可以被显示和搜索。这种深入全面辨别机构出版物的能力，与其他只收集了部分附属机构未能完整收集机构名称变体的学术文献数据库相比，无疑体现了 InCites™ 数据库的重要优势。

- 地址统一

Web of Science™地址中的机构变体包含名称变体，如曾用名、附属二级组织及拼写变体等也被特别关注。超过 4 600 个机构已经完成统一化的过程，还有更多的机构将要完成这一进程。这一规范化的工作由科睿唯安员工进行的背景研究与组织机构的反馈结果共同组成。

- 组织类型

为了对机构进行更好的分组筛选，科睿唯安为每个统一后的组织分配了组织类型。

（四）研究领域划分模式

研究领域的划分模式与基线设定对于在大背景下审视计量学数据十分重要。独立计算一篇论文的被引次数相对来说意义不大。但将其与同行出版物进行比较，我们可以了解这篇论文的表现，了解其与平均水平的区别。通过对标分析，数据变成了可充分利用的信息资源。

由于发表率与引文情况在不同学科、文献类型、时间范围内变化很大，因此在一定的研究领域内对比科研绩效变得十分必要。例如，数学领域的论文被引率通常不高但却可以持续很长时间；而分子生物学领域的论文通常被引频率较高但几年后随着研究的热点转移其被引频次逐渐减少。因此了解学科的潜在趋势，同时对同一研究领域、同出版年、同文献类型的出版物进行比较，能够获得更有意义的结果。

InCites™数据库中共包括 12 种学科分类模式，其中 3 种为科睿唯安独有的分类模式，将在后文详细描述。另外 9 种基于将科睿唯安的数据映射至外部学科分类系统。设定这些外部学科分类模式的目的是为了在区域性科研评价项目中更好地应用文献计量学指标。例如，中国国务院学位委员会颁布的学科分类模式以及经济合作与发展组织（OECD）学科分类方式，使得文献计量学的指标与该组织提供的大量人口与财务数据更为紧密的结合，从而成为国家级研究中有价值的工具。基于外部学科分类的学科分类模式通常与该地区的科研评价机构合作开发完成，这些分类可能基于期刊分类也可能基于 Web of Science™学科分类，附录中（区域学科分类模式）详细介绍了这些分类模式。学科分类模式的选择取决于分析的目标。通常情况下，小规模研究成果，如某一院系或某一作者的科研产出，建议使用更高精度的细分学科分类，如 Web of Science™学科分类模式。这种方法对于克服诸如同一学科的应用与理论研究的差异问题可能更有成效。但如果希望研究一个组织或国家整体的学科情况，使用更为宽泛的学科分类方式可能更为适合。

（五）合理使用引文指标

文献计量学方法和引文分析被越来越多地应用于科研绩效评价中。没有任何一个单一的文献计量学指标能够全面地评价科研绩效，因此提倡选择一组恰当的文献计量学指标，以更为开阔的视野深入挖掘数据背后的内涵。科睿唯安 InCites™数据库详细解释这些文献计量学指标的情况，包括：指标衡量的内容、指标如何被计算、指标在科研评价过程中的价值与作用、如何合理使用指标。

1. 基线（Baseline）

基线反映了全球范围内某一组具有相同学科领域、相同文献类型、相同出版年的出版物的平均表现。例如，一组全球论文集可能包含了 2006 年发表的化学领域的所有研究论文。基线与学科分类模式为对标分析创造了有价值的参考点，成为消除学科偏差、进行学科标准化的重要基础。基线通过整体计数法计算，即计算某一学科的基线时每一篇属于该学科的论文都被计作完整的一篇，而不论这些论文是否还同时属于其他学科。

2. 引文影响力（Citation Impact）

一组文献的引文影响力的计算是通过使用该组文献的引文总数除以总文献数量得到的。引文影响力展现了该组文献中某一篇文献获得的平均引用次数。

引文影响力作为文献计量学指标被广泛应用于科研绩效评价过程中，它可以被应用于所有的组织层面（作者、机构、国家/区域、科研领域或期刊)，但这个指标也存在一定的自身局限性，例如，该指标忽略了科研产出的总体数量。

3. 相对于全球平均水平的影响力（Impact Relative to World）

某组出版物的引文影响力与全球总体出版物的引文影响力的比值。这个指标可以被应用于机构、国家和全球水平。这个指标展示了某项研究的影响力与全球研究影响力的关系，反映了相对的科研绩效水平。全球平均值总是等于1。如果该比值大于1，即表明该组论文的篇均被引频次高于全球平均水平；小于1，则低于全球平均水平。

这个指标虽然考虑了出版年份的因素，但由于机构或国家同时在多个学科发表论文，该指标却忽略了这些学科之间的差异，因此我们建议将这个指标与其他考虑到被评估文献平均引用率差异的文献计量学指标共同使用。

4. 学科规范化的引文影响力（Category Normalized Citation Impact）

一篇文献学科规范化的引文影响力（CNCI）是通过其实际被引次数除以同文献类型、同出版年、同学科领域文献的期望被引次数获得的。当一篇文献被划归至多于一个学科领域时，则使用实际被引次数与期望被引次数比值的平均值。一组文献的CNCI，例如某个人、某个机构或国家，是该组中每篇文献CNCI的平均值。

5. 期刊规范化的引文影响力（Journal Normalized Citation Impact）

期刊规范化的引文影响力（JNCI）指标与学科规范化的引文影响力类似，其区别在于JNCI没有对研究领域进行规范化，却对文献发表在特定期刊上的被引次数进行了规范化。每篇出版物的JNCI值为该出版物实际被引频次与该发表期刊同出版年、同文献类型论文的平均被引频次的比值。一组出版物的JNCI值为每篇出版物JNCI值的平均值。JNCI指标能够提供某单一出版物（或某组出版物）与其他科研工作者发表在同一期刊（或同一组期刊）上成果的比较信息。这个指标能够回答，诸如“我的论文在所发表期刊上表现如何？”之类的问题。如果JNCI的值超过1，说明该科研主体影响力高于平均值；如果JNCI的值低于1，说明其影响力低于平均值。JNCI对于出版社评价论文发表后的影响力水平亦是十分有用的指标，它揭示出那些超过平均水平并提高了期刊被引频次的研究工作。

6. h指数（h-index）

h指数（也作Hirsch指数）由J. Hirsch于2005年首次提出。h指数被定义为：如果一位学者至少有n篇论文的被引频次不低于n，则该学者的h指数为n。例如，科研工作者A发表了至少13篇文献，这些文献每篇至少被引用了13次，则他/她的h指数等于13。h指数综合考虑了作者的科研产出（文献数量）和科研影响力（引文数量），因此一经提出便成为一个颇为流行的文献计量学指标。h指数可以被应用于各个层面（作者、机构、期刊等），它可以揭示一组文献的被引情况的分布。在作者层面，h指数被认为是展现科研工作者终生成就的计量学指标。h指数显而易见的优势在于：作为一个简单的数学指标，它鼓励作者大量发表有影响力的成果而非影响力较低的工作，同时与引文影响力不同的是，单纯一篇高被引论文并不能影响h指数的数值。然而，h指数是一个与时间相关的指数，它与一位科研工作者职业生涯的长度以及发表论文的总数密切相关。例如，一位初出茅庐的科研工作者在与从业多年的前辈相比时处于劣势，因为后者有更多的时间来发表更多的工作从而获得更多的引用次数。

四、TDA

TDA（Thomson Data Analyzer）是处理数据与统计数据的重要工具，该软件最开始为分析专利文献而设计。随着软件的升级，处理对象范畴得到了扩展，在期刊文献中也能应用自如。TDA 具有强大的整理功能：将下载的文献数据导入，TDA 能够自动汇总各字段内容相同的条目并计算数量，能够随时查看各条目对应的原始文献记录。另外，TDA 数据处理的方法包括字段清洗（List Cleanup）、字段合并（Merge Fields）、忽略不相关记录（Omit Selected Records）、数据分组（Add Selection to Group）、生成子数据集（Create Sub-Dataset）、创建表格（Create List）、创建矩阵（Create Matrix）以及有选择地导出数据（Export-Groups to Excel or Text）等。

TDA（Thomson Data Analyzer）是一个具有强大分析功能的文本挖掘软件，可以对文本数据进行多角度的数据挖掘和可视化的全景分析。TDA 能够从大量的专利文献或科技文献中发现竞争情报和技术情报，为洞察科学技术的发展趋势，发现行业出现的新兴技术，寻找合作伙伴，确定研究战略和发展方向提供有价值的依据。廖胜姣等学者[17]探讨了 TDA 在数据导入、数据管理、数据清理和分析等方面的功能。

（一）数据的导入

TDA 能够导入目前互联网上绝大部分结构化数据库的数据，包括商业数据、专利数据、全文数据、回溯性和综合性的期刊信息等，例如 Dialog、STN、Questel. Orbit、Delphion 和 Derwent Innovations IndexSM 等德文特数据，还能导入 Thomson Innovations、PatentWeb、Aureka 和 Delphion 的专利数据和专利文献等。

（二）数据的管理

TDA 能够对导入信息的特性进行统计，包括字段的更名、增加、删除，对导入数据进行拆分和合并。同时 TDA 能够对同时导入的多组数据集合进行合并处理，创建一个以某数据集合为主，另一个为辅，将辅助集合中的字段添加到主集合中的新的数据集合以方便使用者进行数据分析处理；TDA 还具有对多个数据集合中的相同字段信息进行去重和合并的功能。

（三）数据的清理和分析

由于导入 TDA 数据的来源不同，可能产生标引不一致、输入错误、文献著者或发明人的不同写法、科研机构或专利授权人的不同表达方式等原始数据的不一致，这些差异都可能导致统计分析时产生不必要的误差，进而影响整个统计分析结构的准确性。TDA 软件中包括多个独立的叙词库，能够快速、自动地将导入数据进行清理，形成统一、通用的数据集合。TDA 还为用户提供了自建叙词表的便利服务，可以对著者、发明人、科研机构、专利申请人、专利授权人、国际专利分类号等字段进行选择性清理，保留部分原始数据信息。TDA 能够对无序的数据进行有效的分析，进而产生具有高附加值的情报资源。List 功能能够对导入数据的各字段进行快速排序，并生成各种图表格式以方便保存；List comparison 能够将任意两个数据列表进行对比分析，从中找出这些数据的共同特性，或是某个数据列表的独特性，这个功能尤其适用于某些具有竞争关系的企业或科研机构了解双方的优劣对比；Matrices 可以通过 Co-occurance 矩阵、Auto-correlation 矩阵和 Cross-correlation 矩阵发现某行业或领域的发展趋势或与其邻近领域的相关性；Maps 可以对分析结果进行数据图谱可视化，将主、客观因素分析、相邻领域的相关性分析等分析结果以 Maps 图谱的形式表达出来，进而揭示机构间、科研人员间或各类技术之间的关系。

（四）报告的生成

TDA 能够根据用户的需求提供各种样式的报告结果，如需年度报告，TDA 可以提供公司年度业绩报告、公司之间的年度业绩比较等；如需对未来发展进行预测，TDA 可以对企业的商业策略、产品的优势劣势以及与合作伙伴之间的关系进行分析；如需对某领域进行深入的解析，TDA 可以对最热门技术的发展趋势和模式进行剖析。

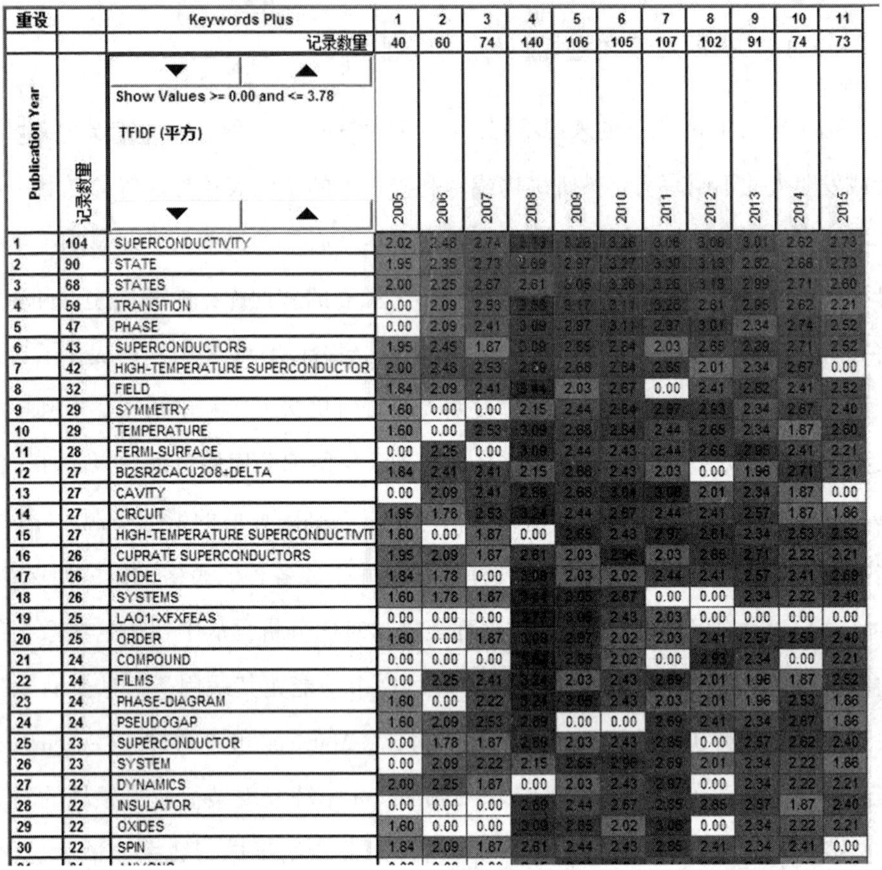

重设		Keywords Plus	1	2	3	4	5	6	7	8	9	10	11
		记录数量	40	60	74	140	106	105	107	102	91	74	73
Publication Year	记录数量	Show Values >= 0.00 and <= 3.78 TFIDF (平方)	2005	2006	2007	2008	2009	2010	2011	2012	2013	2014	2015
1	104	SUPERCONDUCTIVITY	2.02	2.48	2.74	[illegible]	3.26	3.26	3.08	3.08	3.01	2.62	2.73
2	90	STATE	1.95	2.35	2.73	2.69	2.97	3.27	3.30	3.13	2.82	2.68	2.73
3	68	STATES	2.00	2.25	2.67	2.61	3.05	3.20	3.26	3.13	2.99	2.71	2.60
4	59	TRANSITION	0.00	2.09	2.53	[illegible]	3.17	3.11	3.26	2.81	2.95	2.62	2.21
5	47	PHASE	0.00	2.09	2.41	3.09	2.97	3.11	2.97	3.01	2.34	2.74	2.52
6	43	SUPERCONDUCTORS	1.95	2.45	1.87	3.09	2.85	2.84	2.03	2.65	2.29	2.71	2.52
7	42	HIGH-TEMPERATURE SUPERCONDUCTOR	2.00	2.46	2.53	2.09	2.68	2.84	2.85	2.01	2.34	2.67	0.00
8	32	FIELD	1.84	2.09	2.41	[illegible]	2.03	2.67	0.00	2.41	2.82	2.41	2.52
9	29	SYMMETRY	1.60	0.00	0.00	2.15	2.44	2.84	2.97	2.93	2.34	2.67	2.40
10	29	TEMPERATURE	1.60	0.00	2.53	3.09	2.68	2.84	2.44	2.65	2.34	1.87	2.60
11	28	FERMI-SURFACE	0.00	2.25	0.00	3.09	2.44	2.43	2.44	2.65	2.95	2.41	2.21
12	27	BI2SR2CACU2O8+DELTA	1.84	2.41	2.41	2.15	2.88	2.43	2.03	0.00	1.96	2.71	2.21
13	27	CAVITY	0.00	2.09	2.41	2.89	2.68	3.04	3.08	2.01	2.34	1.87	0.00
14	27	CIRCUIT	1.95	1.78	2.53	3.24	2.44	2.67	2.44	2.41	2.57	1.87	1.86
15	27	HIGH-TEMPERATURE SUPERCONDUCTIVIT	1.60	0.00	1.87	0.00	2.65	2.43	2.97	2.81	2.34	2.53	2.52
16	26	CUPRATE SUPERCONDUCTORS	1.95	2.09	1.87	2.61	2.03	2.96	2.03	2.88	2.71	2.22	2.21
17	26	MODEL	1.84	1.78	0.00	3.08	2.03	2.02	2.44	2.41	2.57	2.41	2.69
18	26	SYSTEMS	1.60	1.78	1.87	[illegible]	3.05	2.67	0.00	0.00	2.34	2.22	2.40
19	25	LAO1-XFXFEAS	0.00	0.00	0.00	[illegible]	3.06	2.43	2.03	0.00	0.00	0.00	0.00
20	25	ORDER	1.60	0.00	1.87	3.09	2.97	2.02	2.03	2.41	2.57	2.53	2.40
21	24	COMPOUND	0.00	0.00	0.00	[illegible]	2.85	2.02	0.00	2.93	2.34	0.00	2.21
22	24	FILMS	0.00	2.25	2.41	3.24	2.03	2.43	2.69	2.01	1.96	1.87	2.52
23	24	PHASE-DIAGRAM	1.60	0.00	2.22	3.24	3.05	2.43	2.03	2.01	1.96	2.53	1.86
24	24	PSEUDOGAP	1.60	2.09	2.53	2.89	0.00	0.00	2.69	2.41	2.34	2.87	1.86
25	23	SUPERCONDUCTOR	0.00	1.78	1.87	2.89	2.03	2.43	2.85	0.00	2.57	2.62	2.40
26	23	SYSTEM	0.00	2.09	2.22	2.15	2.65	2.96	2.69	2.01	2.34	2.22	1.86
27	22	DYNAMICS	2.00	2.25	1.87	0.00	2.03	2.43	2.97	0.00	2.34	2.22	2.21
28	22	INSULATOR	0.00	0.00	0.00	2.69	2.44	2.67	2.85	2.85	2.97	1.87	2.40
29	22	OXIDES	1.60	0.00	0.00	3.09	2.85	2.02	3.08	0.00	2.34	2.22	2.21
30	22	SPIN	1.84	2.09	1.87	2.61	2.44	2.43	2.85	2.41	2.34	2.41	0.00

图 4-12　TDA 中 superconduct 相关研究热点分析（按照关键词 plus）

资料来源：北京大学图书馆某热点研究课题报告

五、SCIVAL

SCIVAL Spotlight（以下简称 SCIVAL）是爱思唯尔（Elsevier）公司在 2009 年研发的一个科研评价工具，旨在对抗美国科技信息研究所 ISI 开发的 ESI 评价工具。它从一个全新的视角出发，以跨学科的角度揭示科研绩效的产出，通过共引聚类原理和可视化技术，把这些评价指标展现在使用者面前。SCIVAL 与 ESI 最大的不同是摒弃了传统的评价方法，即把每一种期刊归入某一具体领域，再将每篇论文按照期刊的分类划归到相应学科领域，然后进行引文数、论文数等的排序。SCIVAL 认为这种期刊内容与期刊主题不相符的现状忽视了跨学科研究的重要性——它以过分简单化的视角看待目前科研机构所做的研究，结果导致有价值的资源未能物尽其用，合作机会白白丧失，新兴的科研趋势未能被发现。SCIVAL 把论文按照文后引文的学科分布进行分数化处理，然后分别给予不同的权重，再分配到多个学科领域。

（一）SCIVAL 的数据来源

SCIVAL 使用 Elsevier 旗下的文献研究工具 Scopus 作为数据来源。Scopus 是全球最大的文摘与引文数据库，包含 45.5 万条记录（其中 70%有摘要），并收录全球 5 000 家出版商的近 19 500 个条目。与 ESI 相比，Scopus 收录了更多的非英语国家和地区的期刊：北美（包括美国和加拿大）5 440 种、南美 350 种、欧洲 7 700 种、非洲 250 种、俄罗斯 850 种、澳大利亚 230 种、东南亚 1 460 种。SCIVAL 采用的是 Scopus 近 5 年的数据，包括 560 万篇被 Scopus 收录的 2005—2009 年发表的科研论文以及 210 万篇高被引参考文献，其内容几乎覆盖了当今全球所有的科学学科。[18]

（二）SCIVAL 的指标原理

1. 论文的入选标准

SCIVAL 的数据来源有两部分：一部分是被 Scopus 收录的发表于 2005－2009 年的论文，另一部分是高被引引文数据。在计量学中，引文数据的选取是一个非常重要的指标，选取不当，容易形成学科偏差的现象，即由于学科不同，引文数量也会不同，有些学科的引文量远远大于其他学科的引文量，因此，在对全部学科进行共引分析时，引文量大的学科（如生物化学学科）容易在分析中被突出，而引文量小的学科（如数学、工程等）则会处于劣势地位。Klavans 和 Boyak 在其 2006 年的论文中表明[19]，如果收集的引文数量增加，就会减少这种学科偏差的现象；如果引文数量超过 100 万，可以有把握地说，学科引文的偏差就变得不重要了，所有的学科都能被合理地表现出来。所以，SCIVAL 选择了被引 5 次以上（包括 5 次）的所有引文；对于发表时间在 1—3 年的论文，则被引次数比发表时间（年）增加 1 即可。这样，SCIVAL 就可以选择到超过 200 万的引文。具体选择方法如下：

- 如果发表论文的年份大于 3 年，则被引 5 次以上（包括 5 次）。
- 如果发表论文的年份在 1 到 3 年之间，则需被引年份+1 次以上。
- 如果发表论文的年份少于 1 年，则需要被引 3 次或以上。

2. 学科（subject）和课题（discipline）

SCIVAL 把学科分为 13 个：数学、物理、化学、工程、地球科学、生物、生物技术、传染疾病学、医学、健康科学、脑部研究、人文科学、社会科学、计算机科学。通过聚类分析，又把论文分配到具体的课题中。比如在“Chemistry”学科下分为“Applied Catalysis”、“Atomic Spectrometry”、“Carbohydrate

Research”、“Carbon ”、“Catalysis”、“Chemistry & Material Science” 等32个具体研究课题。

3. 分数化论文（fractionalized articles）

SCIVAL 最有特点的创新之一就是对每篇论文进行分数化处理。SCIVAL 按照该篇论文参考文献的学科分布，把论文按照学科权重分配到多个学科聚类中，每篇论文的学科权重分数总计为 1.0，这些分数在论文的学科聚类中，成为竞争力的指标数据。比如：一篇论文发表在“Water Treatment” 领域的期刊上，传统的分类方法是把这篇论文 100%分配到该领域所属的学科中，再进行共引分析，而 SCIVAL 采用了更加具体的办法：对这篇论文的引文进行分析，发现这篇论文的参考

文献有 70%是关于“Water Treatment” 的，20%是关于计算机科学领域，10%是经济领域，那么，该文在“Water Treatment” 课题中，就只占 70%的权重，在计算机科学领域又占了 20%的权重，在经济领域又占 10%的权重。这样，可以更加准确地分析这篇论文以及它对多学科领域做出的贡献。

4. 相关论文率（relative article share，RAS）

指某个机构/国家的论文数量在某个竞争力领域与该领域论文数量排第一的机构/国家的论文数量比例。如果该机构/国家在该竞争力领域论文量排名第一，则 RAS 是同排名第二的机构/国家的论文数比例。所以，排名第一的机构/国家的 RAS 大于 1.0，否则，RAS 小于 1.0。该值是被分数化的，即每篇论文与该竞争力有关的权重分数都被计算在内。

5. 相关引文率（relative reference share，RRS）

该指标用来帮助衡量作者/机构/国家的创新力水平，主要是在一个竞争

力领域中，该作者/机构/国家近期发表论文引用了多少最新论文。一个作者/机构/国家被认为具有创新领导地位，表明它在一个领域发现了更多的新的科技，在论文发表中则表现在引用了多少最新发表的论文，计算公式是该作者/机构/国家在竞争力领域内的所有论文的引文发表时间的中位数减去该竞争力领域内所有论文的引文发表时间的中位数。SotA 指数是正数，表示同世界平均水平比较，该作者/机构/国家论文引用了更多最近发表的论文；负数则表示该作者/机构/国家引用了很多年代比较旧的论文。创新领导力由 SotA 和 RAS 来测量，如果 SotA 的值高于 RAS 值，并且 RAS>0.8，则表示该作者/机构/国家在某领域具有创新力。

6. 技术发展力指数（state-of-the-art，SotA）

该指标用来帮助衡量机构/国家的创新力水平，主要是计算在一个竞争力领域中，该机构/国家近期发表论文引用了多少最新论文。一个机构/国家被认为具有创新领导地位，表明它在一个领域发现了更多的新科技，在论文方面则表现为引用了多少最新发表的论文。创新领导力由技术发展力指数 SotA 和相关论文率 RAS 来测量。该指数是正数，表示同世界平均水平比较，该机构/国家论文引用了更多最近发表的论文；负数表示该机构/国家引用了很多年代比较旧的论文。如果 SotA 的值高于 RAS 值，并且 RAS >0.8，则表示该机构/国家在某领域具有创新力。

7. “独特竞争优势”（distinctive competency，DC）和“潜在竞争优势”（emerging competency，EC）

“独特竞争优势”揭示一个机构/国家处于领先地位的研究领域；“潜在竞争优势”表示该机构/国家在某研究领域有部分优势，可以继续努力。机构/国家的一个竞争优势由两个或两个以上共引分析的论文聚类族组成，表示有相同研究方向的论文集合，一个机构/国家可以有多个“竞争力优势”。判断一个竞争优势是 DC 还是 EC 的方法是：满足下述三个条件之一，且论文数量达到某个阈值，即为 DC，否则为 EC：

论文数领导权（Publication Leadership）：在 5 年统计时间内，该机构/国家在某研究学科领域的论文数量为第一，即 RAS>1.0。

被引数领导权（Citation Leadership）：在 5 年统计时间内，该机构/国家在某学科领域的论文的引文数量为第一，即 RRS>1.0。

创新力领导权（State-Of-the-Art Leadership）：RAS>0. 8，并且 SotA 值大于 RAS。由于每个机构、国家的研究人员数量不同，论文产量也不同，SCIVAL 针对机构/国家论文数量多少确定了不同的阈值。对于大型的机构/国家（每年发表 3 000 篇论文以上），那么它的阈值就是 500；对于小型的机构/国家（每年发表 1 200 篇论文以下），则阈值为 200；中等机构/国家的阈值范围在 200-500 篇之间，例如中山大学 2005-2009 年论文的阈值为 479。[20]

一直以来，科研产出的评价都是基于期刊分类进行的。每一种期刊被归入某一个或几个具体的学科领域，再将每篇文献按照期刊的分类归入相应的学科领域，即使期刊中的文章所涉及的学科已经逐渐变得广泛。这种期刊的学科分类与文章内容不符的现状忽视了跨学科研究的重要性——它以过分简单的视角看待目前科研机构所做的研究，导致有价值的资源未能物尽其用，合作机会白白丧失，新的科研趋势未能被发现。SCIVAL Spotlight 分析工具使用 Elsevier 公司的 Scopus 数据库作为数据来源，通过聚类原理和可视化技术，从整体及跨学科研究的角度出发展示机构的研究成果。SCIVAL Spotlight 的分析结果更能够反映当今科研环境的实际情况，其分类体系更加接近于真实的科学学科结构，能够为评估、制定和实施有效的科研战略提供更加可靠的依据。

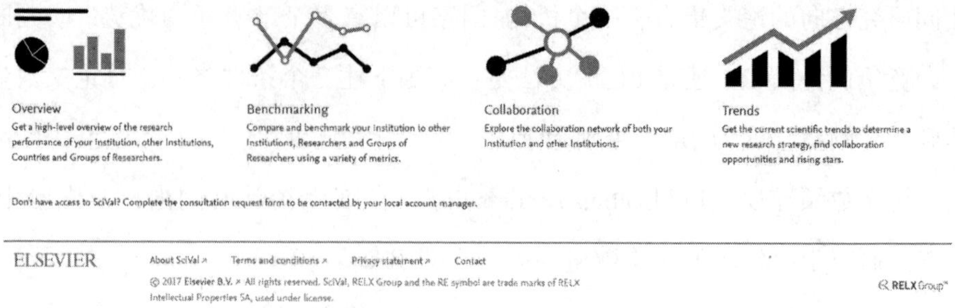

图 4-13　SCIVAL 页面展示

六、INNOGRAPHY

Innography 是 ProQuest 集团 Dialog 公司旗下的知识产权商业情报提供商，创立于 2007 年，总部设在美国德克萨斯州奥斯汀市。Innography 服务于不同规模的组织或个人，帮助客户管理、保护并利用知识产权，通过快速的数据分析引擎更好地理解知识产权资产与市场地位，通过 Dialog 的精确检索与权威内容和 Innography 的可视化与协作工具，帮助企业降低研究分析成本，激发出识别潜在市场机会的新方法。[21]

Innography 从 2007 年开始研发的基于网络的知识产权商业智能（Intellectual Property Business Intelligence，IPBI）信息服务平台，目前已成为以挖掘核心专利、进行专利质量评估为特色的专利检索与分析工具。Innography 平台独一无二地实现了专利检索和商业智能分析工具高度整合，能够通过专利强度（Patent Strength）、专利相似度等综合指标对单一专利或专利组合进行宏观和微观的研究，并结合专利的其他影响因素（如诉讼数据，综合财务数据等）对专利进行多方位评价，使用可视化方式清晰呈现技术领域的竞争情报，支持导入 Dialog 等外部专利检索结果，并加以分析。法雷等学者详细介绍 Innography 平台的数据源、特色功能及检索与分析服务，并对该平台进行综合性评价。[22]

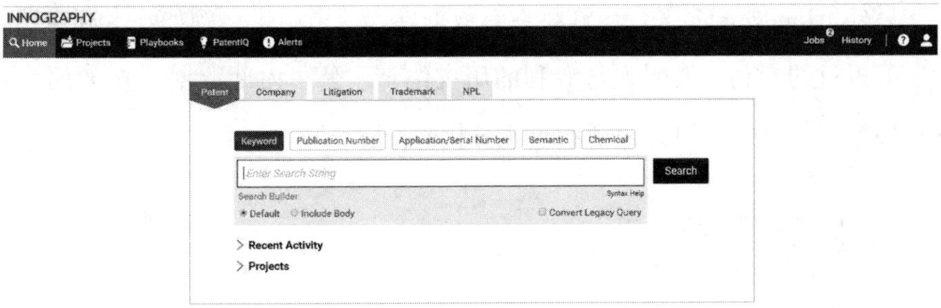

图 4-14 Innography 页面展示

（一）数据源

数据是决定分析结果的关键，Innography 拥有全面的专利数据，同时结合专利诉讼数据、商标数据、综合财务数据等非专利数据和专有数据，为专利分析提供支持与帮助。Innography 的专利数据包括美国专利与申请、美国专利法律状态数据库与专利转让数据库、欧洲专利与申请、世界知识产权组织专利申请、日本专利申请和 INPADOC 数据库中持续更新的全球专利数据。

Innography 同时收录大量的非专利数据源，通过整理来自企业资讯和金融分析公司邓白氏、美国股市、美国证券交易委员会、美国法院电子记录公共访问系统 PACER、美国人口调查局及外国中小型商务数据库的数据，整合专利数据、商标数据与关键商务信息，真实提供商业级视野。

2010 年，Innography 数据源中加入了技术标准数据，来自以下机构：欧洲电信标准协会（ETSI）、国际标准化组织（ISO）、美国国家标准协会（ANSI）、国际电工委员会（IEC）、国际电信联盟（ITU）、互联网工程任务组（IETF）、美国电气和电子工程师（IEEE）、万维网联盟（W3C）和开放移动联盟（OMA）。标准是作为专利的参考文献，可以指定标准获得对应的专利，或者查看专利符合的标准。

另外，Innography 平台允许将专有数据导入搜索结果，例如：专利对照索引、上诉过的专利、发明人与专利的历史纪录、公司内部数据（例如词表）、保护性授权等，实现更为灵活的自主分析。

（二）特色功能

1. 基于专利强度的核心专利挖掘

专利的价值不能仅依靠单一指标判断，Innography 独创的专利强度指标是一个复合指标，涉及的影响因素包括：专利权利要求数量、专利引用次数和被引用次数、专利族、专利申请时程、专利年龄、专利异议和复审、专利分类及其他。专利强度评价指标的理论思想来自于美国加州大学伯克利分校、乔治梅森大学、斯坦福大学和德克萨斯州大学的联合研究，用于帮助用户快速、有效地挖掘核心专利，集中注意力到高价值的文献领域。Innography 利用 PatentStrength™ 为现有专利评价专利强度，从 0%~100%分为 10 级，强度越大越为核心专利[23]。Innography 支持将检索结果按专利强度排序，提供专利强度滑动条对专利按强度进行二次筛选，同时可以导出表格形式的专利强度数据。

2. 相似专利检索

Innography 设计了独有的相似度算法，利用国际专利分类（IPC）系统和专利引文数据，生成专利相似度（Patent Similarity）指标，帮助用户快速查找相似专利，用于专利的无效分析、侵权分析等，为深入挖掘、分析相关专利提供有力支持。IPC 统计法是使用被分析的专利的 IPC 代码的子类和组分类号建立一个词库（Word Bank），用户选择相似度（范围是 1~10），系统将检索结果中的IPC代码与word bank中的IPC代码按相似度高低进行统计匹配，获得相应程度的相似专利。Innography的引证挖掘（Citation Mining）将IPC统计和引证检索结合起来，通过目标专利的前后3级引证专利和IPC匹配相似度（Similarity）来找到最为相似的专利。

3. 语义检索

Innography提供语义检索服务，用户输入一个专利申请号或者一组文本信息（例如专利摘要，一项特别的权利要求），Innography自动对文本进行估值，确定最有价值的单词和概念，然后自动检索出100篇最相关的专利。用户可以对语义检索结果进行引证扩展、同族整理、二次检索、分析和导出以及可视化显示，当使用分类扩展或者引证扩展时，会出现相似度滑动条，可以进行相似度匹配。Innography推出的2013年夏季版私人定制检索工具PatentScout中，提供定向语义检索服务，可以用于特定公司的专利、其他的专利分析结果集或具体的专利组合等。例如，开展专利许可研究时，PatentScout允许用户输入其产品描述，针对公司的专利组合进行语义检索。

4. 可视化显示

Innography将专利、商标、商业、诉讼等各方面信息结合在一起形成结构化分析方案，以可视化图表形式直观显示。例如：专利权人气泡图结合综合竞争力，专利权人的财务与专利实力的宏观分析，对于模拟机构合并前后专利实力对比、寻找专利技术合作伙伴、促进产学研转化有着重要意义；发明人分布图指示出特定领域科研实力最强的国家；诉讼热力图揭示特定领域更具有攻击性的专利权人；专利引证树图显示前引和后引数量，通过引证专利的IPC分布展示发明领域的异同，分析核心专利技术的来源、去向及外围布局；文本聚类环状图帮助分析者或科研人员快速确定批量专利中的主要技术点。

（三）检索与分析服务

1. 专利检索与分析

Innography 平台上的专利检索包括按字段检索、按专利号检索和语义检索。检索字段包括：专利摘要、发明人名字、最近专利权人、初始专利权人、权利要求、申请号、专利名称、母子公司集团中的最顶端的公司名称、IPC 号、国家代码等，还可以把检索范围扩展到说明书、引证信息等，也可以把检索范围限制在涉案专利、提出过异议的专利等。在 Innography 平台上可以对检索结果进行二次筛选，例如，利用专利权人进行二次筛选，可以查看全部专利权人并选择 1 个或多个专利权人的专利。对检索结果进行筛选的界面包括审查国家/组织、参考文献、专利权人、专利权人年销售额、初始专利权人、IPC、美国专利分类、优先权时间、公开时间、过期时间、发明人、发明人地区和专利强度等。专利检索结果可以按照上述选项分组显示，可以选择树图、热力图、气泡图、饼图、线图、世界地图、列表等进行可视化显示，同时可以按照相关度、专利强度、专利标题、公开时间进行排序。通过 Innography 平台，用户可以对检索结果中选择的 1 篇或多篇（最大 10 000 篇）专利进行分析，例如分类号扩展、同族扩展或同族去重，还可以对检索结果进行二次检索。检索结果可以导出，包括著录项目、摘要、权利要求、预计过期日期、前后引用量、专利强度等信息。使用专利申请号检索时，单篇专利检索结果包括专利名称、摘要、权利要求、参考文献、著录项目信息、说明书首页和 IPC 号，能够直接链接至全文下载和法律状态。另外，检索结果还包括项目信息，即该专利如果被用户加入一个或多个项目，会显示相关项目名称和标签及链接。单篇专利分析内容包括专利权人统计、引证分析、分类分析、无效分析和侵权分析等，可以按照近似度进行检索结果匹配、二次检索、专利强度等选项的筛选。用户可以把检索扩展至同族专利、诉讼信息和相关商标，还可以下载专利报告，内容包括专利基本信息、竞争对手气泡图、专利摘要文本、权利要求分析、引证分析、诉讼分析、专利权人分析、发明人分析等。

2. 专利诉讼信息检索与分析

美国每年都有大量专利诉讼，而涉案专利通常都是价值比较高的专利。Innography 拥有来自 PACER 数据库的最近 40 年的近 6 万个专利诉讼案例的数据，提供一键式检索特定领域的涉案专利及诉讼信息检索服务。诉讼信息检索字段包括：律师名字、反诉原告及被告、法院、被告、诉讼进程、相关专利标题、相关专利全文、国际专利分类号及美国专利分类号等。检索结果显示案件编号、标题、法院、诉讼时间等信息。点击诉讼编号可以查看详细信息，包括诉讼标题、涉案专利、诉讼时间、类型、州法院、原告及被告等信息。在案件概况和法院归档记录中都提供美国法院电子记录的链接。另外，任何诉讼案件都可以添加到项目中，也可以生成普通报告，报告内容包括原告和被告诉讼统计热力图、涉案专利和法院归档记录。显示诉讼检索结果时，可以按照原告、被告、分类号、涉案专利、涉案金额、起诉时间等筛选，并且可以选择案件终止时间或者是否已经终止。诉讼检索结果可以按照以上字段进行分组聚类，并且按照树图、饼图、线图或柱图等形式显示。诉讼检索结果可以导出为 CSV 纯文本格式。

3. 公司检索与分析

Innography 平台提供公司检索服务，用户输入公司名称或者从系统匹配结果中选择公司名称之后，可以进入该公司信息界面。Innography 公司信息包括公司名称、子母公司关系、股票、市值、雇员人数等信息，这些信息来自邓白氏商业数据或者证券交易委员会。Innography 还提供该公司的专利、诉讼、商标统计，并可以链接至相关内容。Innography 的公司分析是基于专利分析进行的，其提供了相似技术扩展、专利转让、隐藏专利、虚拟公司以及虚拟专利权人分析。Innography 平台可以直接生成简单公司报告，内容包括公司基本信息、近 10 年专利、诉讼和商标趋势分析、近期申请专利、诉讼信息和商标信息等。

4. 商标检索与分析

Innography 商标信息检索包括以下字段：代理人、商品和服务、商标文本描述、商标类型、当前所有人、当前所有人住所、虚拟商标、商标注册号、商标序列号、文字类商标、国际贸易分类号和美国贸易分类号。检索结果包括：商标描述、图片、国际贸易分类以及对应的 IPC 分类。Innography 平台还提供相关商标和专利的进一步检索。Innography 通过国际贸易分类与国际专利分类的对应，加上商标描述作为关键词同时检索，可以将商标与专利进行关联，通过商标来检索相关的专利。

七、社会网络分析软件

随着网络信息技术的发展，社会网络服务如新浪微博、QQ 空间、人人网、淘宝网、LinkedIN 和 Google+等大量出现。社会网络服务给我们生活带来了极大的便利，使用社会网络服务能够方便地与朋友通讯、交流、发表自己的想法并及时获取信息。社会网络改变了信息及内容数据的产生和传播方式，我们在使用社会网络信息的同时也为社会网络贡献评论、照片、心得体会等数据。特别是随着手机、平板及可穿戴智能设备的发展，我们在线的时间越来越长，由此产生的数据越来越多，越来越详细，使得基于网络的虚拟数字世界将逐步同现实世界产生融合。社会网络服务所产生的数据是社会活动的真实反映，包含了社会生活各方面详细的信息，蕴含着无可估量的价值。这些数据吸引了科研工作者、政府、企业等各团体的注意，他们都希望能够获取并分析这些数据。

社会网络分析是采用图论等数学方法，通过研究大量个体（个人、组织等社会活动参与方）间的关系来寻找社会系统表面之下的内在规律。社会网络分析方法已经被广泛应用于推荐系统、电子商务系统、舆情监控系统等多种具体的应用中，并且在现代社会学、人类学、社会语言学、地理、社会心理学、资讯科学、经济学以及生物学等领域的研究中发挥了重要作用。社会网络应用每天产生数以亿计的数据，传统的人工统计分析已经不能有效处理这些数据。挖掘和使用这些数据需要借助计算机及专门的分析软件进行处理。

目前，社会网络数据分析使用的软件有：CiteSpace、NodeXL、Pajeck、Gephi、NetworkX、NetLogo、UCINET、Gephi 和 SNAP 等。这些软件的功能、用法和特长各不相同，因此有必要对社会网络的分析软件进行整理和介绍。CiteSpace 在国内外已得到广泛的应用和关注，刘鹏等学者比较分析了功能和特点具有代表性的 NodeXL、Pajeck、Gephi 和 NetworkX。这 4 款软件中，NodeXL、Pajeck 和 Gephi 属于独立软件，NetworkX 属于工具类库。独立软件指能够独立运行使用，完成特定的工作的软件；工具类库通常只提供特定的功能函数接口，需要在特别的开发环境下调用这些功能完成特定的工作。[24]

（一）CiteSpace

CiteSpace 软件系统是由美国德雷塞尔大学信息科学与技术学院的华人学者陈超美（Chaomei Chen）博士开发的一款主要用于计量和分析科学文献数据的信息可视化软件，可以用来绘制科学和技术领域发展的知识图谱，直观地展现科学知识领域的信息全景，识别某一科学领域中的关键文献、热点研究和前沿方向。它利用分时动态的可视化图谱展示科学知识的宏观结构及其发展脉络的方式。国外对该软件的应用主要分布在信息科学、生命科学等领域，国内则主要应用于管理学和技术科学领域。从应用领域来看，主要包括图书情报学、管理学、科技政策、教育学以及具体的技术科学（纳米科学与技术、能源技术、新材料技术、电子信息技术等）；从使用功能来看，主要是基于知识图谱的研究前沿与研究热点分析，科学计量学与引文分析，关键词共词网络分析，作者共被引与作者合作网络分析等。

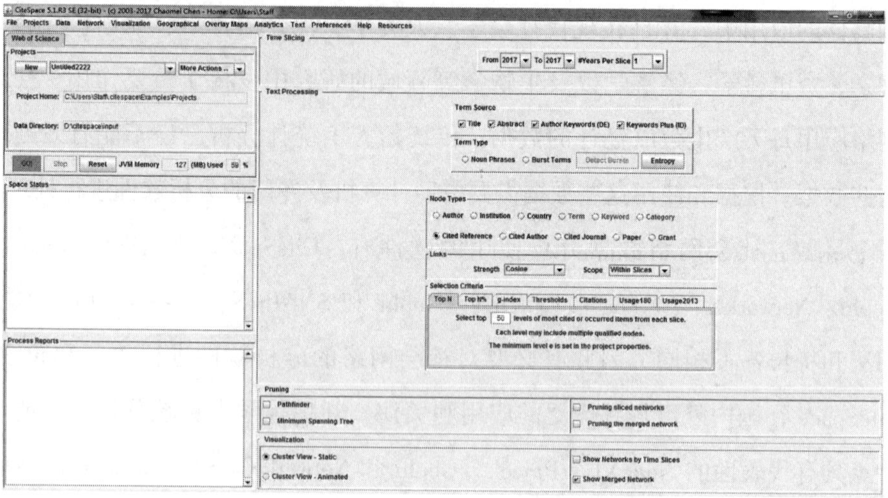

图 4-15　CiteSpace 页面展示

（二）Pajeck

Pajeck 是一款 Windows 平台的免费（非商业用途）软件，用于分析和显示复杂网络，也可以用于分析社会网络。Pajeck 采用 Pascal 语言开发，只提供免费安装程序，未提供源代码。1996 年，Vladimira Batagelj 开发了 Pajeck0.0.1 版。Pajeck 能够分析普通图（有向、无向、混合图）、多关系图、2-模图及动态图。Pajeck 能挖掘输入数据的结构关系，根据节点的核心性、连通性等进行聚类分组，能够输出和显示划分的结果，并动态显示节点删减对划分结果的影响。Pajeck 采用菜单驱动。主窗口包含 17 个菜单和 6 个窗口部件。主控窗口的 17 个菜单包含软件所支持的全部功能操作，6 个窗口部件用于提供文件输入、保存和显示操作。File 菜单提供数据对象的输入、输出操作；Network 菜单提供输入数据的变换、移除、添加、更改等操作，软件的分析功能如求 k 核、p 团体、划分、聚类等操作都在此菜单下；Operation 菜单包括数据的收缩、提取、分区等操作选项；Draw 菜单提供显示操作，其他菜单功能详见使用手册。

相对于其他分析软件，Pajeck 在处理大型的网络分析时速度较快，但是付出的代价是统计功能不强。为了弥补统计功能的缺陷，Pajeck 提供了 R 软件接口，通过 R 软件进行所需的统计分析。为了更好地体现 Pajeck 在处理大规模数据时的优势，Vladimir Batagelj 还开发了一个特别版 PajeckXXL，其能够完成 Pajeck 同样的功能，内存需求却比原版少 2~3 倍。

（三）Gephi

Gephi 是一款跨平台的免费开源（GPL3）网络分析和可视化软件，是一款开源免费跨平台基于 JVM 的复杂网络分析软件，用于各种网络和复杂系统、动态和分层图的交互可视化与探测，可广泛用作探索性数据分析、链接分析、社交网络分析和生物网络分析等采用 Java 语言开发，OpenGL 为显示引擎。Gephi 中文版本是 4 款软件中唯一支持中文菜单显示的。Gephi 软件的分析功能较弱，支持数据中心性分析和较少的聚类分析，但能很好地支持动态图数据分析。Gephi 支持的输入数据格式有“. dot”，“. gdf”，“. gml”，“. net”，“. gexf”等，是 4 款软件中支持输入数据格式最多的。Gephi 的数据可视化效果是这 4 款软件中最好的，而且支持超过 5 万个点的复杂条件动态实时过滤。

Gephi 提供对数据的各种操作和显示，包括对图中节点、边和标签的调整、颜色变换以及大的调节；实时的布局算法可以对数据进行各种各样的布局；同时提供对数据图的过滤显示，即在获得数据后，可以部分地显示需要的数据；并且提供对部分数据的单独保存功能；支持多种格式的文件输入，支持应用插件，更具可扩展性，满足用户对不同数据的处理需求。Gephi 在许多领域都有应用，列举以下几个方面：

- 探索性数据分析：对数据进行实时、直观的分析。
- 链接分析：分析对象之间的关联结构。
- 社会网络分析：易于在社会数据中创建社区地图和建立小世界网络。

（四）NodeXL

NodeXL（Network Overview, Discovery and Exploration add-in for Excel）与微软办公软件 Excel 深度整合，以 Excel2007/2010 模板的形式使用，在用户交互算法和界面设计上都较人性化，易用性较好，降低了使用门槛。加载模板后，使用者可以在 Excel 工作表中对社会网络的基础性数据（如边的信息）进行添加和编辑，之后只需要点击一个按钮就可以完成分析，并获得可视化图示。

NodeXL 的开发者来自微软研究院、马里兰大学、斯坦福大学等机构。该软件遵循微软公开协议（Microsoft Public License，Ms-PL），可以免费使用和分发，并可以在此基础上进行二次开发。

NodeXL 实现了一键数据可视化，提供了多种参数设置，覆盖了社会网络分析的绝大多数需求，并可以在此基础上进行二次开发。NodeXL 可视化交互能力强，具有图像移动、变焦和动态查询等交互功能。此外，NodeXL 可直接与互联网相连，用户可通过插件或直接导入 Twitter、YouTube、Email 或网页中的数据。

NodeXL 软件应用于 Windows 平台，其工作界面主要由顶部菜单栏、左侧工作簿和右侧图形面板组成。工作簿区域包含存储网络数据的工作表，包括边（Edges）、节点（Vertices）、群组（Groups）和总体标（Overall Metrics）等工作表。NodeXL 软件集成了 Excel 基本分析模块、网络通用指标模块以及可视指化功能模块，主要包括导入、导出、显示、布局、编辑、计算、处理、过滤和聚类等功能。[25]

（五）NetworkX

为了方便有效地研究复杂网络，研究人员开发了很多软件用于对复杂网络进行创建、操作、处理和分析，如 Pajek、UCINET、NetworkX、NetMiner3 等等。本节简要介绍 NetworkX 的一些主要特点。NetworkX 是基于 Python 语言开发的，是分析复杂网络的强有力工具，它提供了目前应用较广的图和复杂网络算法。使用 NetworkX 可以生成多种随机网络和特殊网络、以标准化的数据格式存储网络；可对复杂网络进行可视化、模型仿真、结构特征分析、统计数据分析以及设计新的网络算法等操作。NetworkX 在数学、物理学、生物学、计算机和社会学等方面有广泛的应用。Python 语言是一种简洁清晰的编程语言。Python 语言的一个特点是能够灵活地表示图和复杂网络算法。

NetworkX 的主要特点包括：

（1）以图论和统计学设计为基础，涵盖了许多常用的图的模型和网络的模型；

（2）节点和边可以是如时间序列、图像、XML 记录等的“任意”的实体；

（3）是开源软件，可以免费获得；

（4）可以在 Linux、Mac OSX、Windows7 /XP/2000 等多种平台上运行。

NetworkX 复杂网络分析软件的核心功能有四个具体如下：

（1）复杂网络构建：复杂网络的构建是研究和分析复杂网络特征的基础，利用 NetworkX 构建网络时，可以利用其自带的模块来构建网络，也可以通过编写函数来建立特殊类型的网络。本文的使用的复杂网络均是由 NetworkX 构建的。

（2）图形可视化：借助 NetworkX，可以对已经构建好的复杂网络进行可视化，可视化图形包括网络结构图和数据的统计图等等，其目的是为了更加直观地表示复杂网络的元素和相互作用关系，并对复杂网络的特性进行深入分析。

（3）复杂网络特征实现：使用 NetworkX 可以计算如网络节点的度、度分布、平均路径长度、熵、中心性和聚集系数等特征。

（4）统计数据分析：NetworkX 拥有强大复杂网络特征分析能力，对已经构建的网络，如社会网络、交通网络以及生物学中的各种相互作用网络，可以通过已有的函数进行统计分析，这些数据以数字的形式显示在命令窗口下，也可以在导入相关模块（如“openpyxl”）后将数据保存在 excel 表格中，方便比对分析。

NetworkX 提供的基本图形类型有：（无向和有向的）赋权图和（无向和有向的）未赋权图。图形的属性（有向性、权重、多重边等）都用布尔属性描述。NetworkX 提供了绘制复杂网络图的界面和布图算法。

NetworkX 可以进行网络直径计算、密度分析、社团判断、子图发现、中心性分析，如介数（边和节点）、度、最近邻平均度等。[26]

八、CALIS 查收引系统

论文的收录和引用的检索服务（以下简称查收引服务）是国内图书馆的一项特色服务。查收引服务是检索证明机构根据委托人提供的已发表文章的题名、作者、出版时间等信息，检索文章在参考数据库中的收录和被引用情况，并出具相应的论文收录及引用报告。国内的课题申报、职称评定、成果评定和科研评估工作，都以论文的数量和质量作为重要的参考依据。“论文被收录与引用报告”在一定程度上反映了委托人科研产出的影响力，为委托人提供科研评估、职称评定、奖励申报、基金申报等学术活动需要的科研能力证明。

目前国内图书馆的查收查引服务量很大，仅以北京大学图书馆为例，据统计，2011 年至 2013 年的论文检索总篇数约为 3.7 万篇。手工检索在精确度方面有一定优势，但对人力成本、时间成本仍有较高要求，难以满足委托高峰期的用户检索需求。[27]

为了方便用户中英文数据库混合、并行检索，提高查收查引工作的查全率、查准率和工作效率，减轻馆员工作压力，更好地满足查收查引高峰期的委托需求，许多图书馆采用 CALIS 开发的论文查收查引工具，加以人工辅助，完成检索及报告统计、整理工作。主要作用如下[27]：

（1）提高馆员工作效率

查收引系统支持多进程、多任务并行，可同时处理多份委托、多数据库的收录及引用。例如对于建筑设计、考古等专业而言，由于其跨学科性质，相关论文在各主要数据库都可能有收录和引用。使用查收引系统后可实现自动多库查询，检索总耗时约为手工的 1/3。

查收引系统还设置了语种识别功能，允许中英文文献同步进行收录和引用检索，系统会根据预先设定的语种自动识别数据库。例如为中英文混杂的论文清单设定了中英文多库查询后，系统在处理英文文章时，遇到中文数据库会不检索直接判断为未匹配，检索效率显著提升。

此外，查收引系统可处理查询中断情况。在手工检索时代，若选择检索完毕统一导出，如遇数据库或电脑的突然故障，会导致检索结果丢失，而每检索一篇论文就导出一次，又会耗费大量时间。使用查收引系统之后，前台即使关闭了系统页面、关闭了电脑，系统后台仍然会继续运行，不仅不会丢失已经完成的任务，还可充分利用夜间时间。例如在下班前建立委托单，利用夜间处理检索事务，第二天上班便可看到检索结果，帮助馆员有效应对检索高峰期的用户需求。这些功能不仅节省了馆员的工作时间，并且提高了馆员的工作效率。

（2）提高图书馆服务质量

使用查收引系统较手工检索而言，缩短了文献的检索查询时间，提升委托处理效率，提高检索容纳数量，在保障本校委托人的查收引需求的基础上，还能接纳校外读者的查收引请求。同时查收引系统实现了检索结果的系统化存储与管理，读者可根据自身需要，对检索报告里文献的收录引用情况按原委托清单顺序、引用量高低、年代先后等不同方式排序。除了正式的检索报告，系统还可以提供委托人文献收录引用情况的概览清单，让用户轻松了解每篇文献的收录引用情况。此外，系统还提供对以往历史委托的更新检索，直接导入历史清单进行重新检索。这些功能使得查收引系统可以为更多用户提供更灵活的服务，提高了图书馆服务质量。

（3）提升用户服务体验

查收引系统支持多种检索策略并行，在委托人提供的文献信息部分有误时，也能获得较高的结果准确率。尤其在引用检索时，人工检索一般会用一到两种检索策略，有时候会有漏检的情况，系统却可多策略同时检索，使检索结果更加全面。而查收引系统的多委托、多数据库同时检索的功能，有效缩短了检索耗时，帮助用户更快获得查收引报告。查收引系统对准确率、全面率和检索效率的有效保障，在很大程度上提高了用户的满意度，提升了用户服务体验。

（4）提供科研分析支持

该系统还能够积累学者发表正式文献的数据，可以为委托学者进行科研成果分析提供一定的数据，也可以成为机构库的有效补充。

参考文献

[1] SCI 网站［EB/OL］(2017-02-08). https://apps. webofknowledge. com/

[2] 肖珑等. 数字信息资源的检索与利用（第二版）［M］. 北京大学出版社. 2013.

[3] Scopus 网站［EB/OL］(2017-02-08). https://www. scopus. com.

[4] 中文社会科学引文索引（CSSCI）简介［EB/OL］(2017-02-08). http://cssrac. nju. edu. cn/a/cpzx/zwshkxwsy/sjkjj/20160226/1141. html.

[5] 唐春，陈东明. 如何客观看待 CSSCI 及其评价功能［J］. 怀化学院学报. 2005, (03): 136-137.

[6] 苏新宁. 中文社会科学引文索引（CSSCI）的设计与应用价值［J］. 中国图书馆学报，2012，(05): 95-102.

[7] 苏新宁. 中国人文社会科学学术影响力报告（2000-2004）［M］. 北京：中国社会科学出版社，2007.

[8] 苏新宁. 中国人文社会科学学术影响力报告（2011）［M］. 北京：高等教育出版社，2011.

[9] 国家图书馆《中国图书馆分类法》编辑委员会编. 中国图书馆分类法［M］. 北京：国家图书馆出版社，2010.

[10] 国家技术监督局. 学科分类与代码 GB/T13745-2009［S］. 北京：中国标准出版社，1993.

[11] 苏新宁. 图书馆、情报与文献学研究热点与趋势分析（2000—2004）——基于 CSSCI 的分析［J］. 情报学报，2007，03.

[12] CSCD 网站［EB/OL］(2017-02-08). http://sciencechina. cn/search_ sou. jsp.

[13] ESI 网站［EB/OL］(2017-02-08). https://esi. InCites. thomsonreuters. com/

[14] 吴显强. 基于 ESI 的“985 工程”高校科技竞争力研究［D］. 华南理工大学，2009.

[15] JCR 网站［EB/OL］(2017-02-08). https://jcr. InCites. thomsonreuters. com.

[16] InCites 网站［EB/OL］(2017-02-08). https://InCites. thomsonreuters. com/#/ana-

lytics.

[17] 廖胜姣. 基于 TDA 的情报学研究前沿知识图谱的绘制及分析 [J]. 情报理论与实践, 2009, (11): 98-101.

[18] SCIVAL 网站 [EB/OL] (2017-02-08). https: //www. SCIVAL. com/

[19] Klavans R, Boyack K W. Quantitative evaluation of large maps of science [J]. Scientometrics, 2006, 68 (3): 475-499.

[20] 徐志玮. SCIVAL Spotlight 评价指标原理以及同 ESI 的比较研究 [J]. 图书情报工作, 2012, (14): 86-92.

[21] Innography 网站 [EB/OL] (2017-02-08). https: //app. innography. com/

[22] 法雷, 张延花, 杨婧. Innography 专利检索与分析平台的运用 [J]. 产业与科技论坛, 2014, (14): 43-45.

[23] 王旭, 刘姝, 李晓东. 快速挖掘核心专利-Innography 专利分析数据库的功能分析 [J]. 现代情报, 2013, (9): 106-116.

[24] 刘鹏, 李先贤, 王利娥. 社会网络分析软件研究 [J]. 计算机科学, 2015, (12): 171-174.

[25] NodeXL 网站 [EB/OL] (2017-02-08). http: //nodexl. codeplex. com/

[26] 张庭辉. 基于 NetworkX 的复杂网络特征实现及其在生物网络中的应用 [D]. 华南理工大学, 2016.

[27] 马芳珍, 李峰, 季梵, 刘姝, 王旭, 刘素清. 对 CALIS 查收查引系统的测试和应用效果评价 [J]. 大学图书馆学报, 2016, (02): 97-102.

第五章　高校人才评价咨询服务研究

第一节　高校人才评价咨询服务内容

高校图书馆利用自身的资源、技术和人员优势，开展人才评价研究。图书馆要发挥情报服务专业优势，通过制定科学的人才评价指标体系，综合运用文献计量学方法和其他相关方法进行学术量化统计和评价，主动融入一线，拓展图书馆的信息服务领域。

积极开展学科人才发现与评价，深度了解学科人才的学术水平、科研能力及教学状况，积极发掘各学科中的领军人才，提供全面可靠的校内外学科人才信息，为高校的学科建设、人才培养、引进人才、留住人才提供决策依据。密切关注国内外的学科领军人才的流动与变化，科学合理地评价校内现有人才及拟引进的人才，使学校在激烈的人才竞争中处于积极有利地位。

根据用户需求特点及服务方式的不同，可以将所有服务分为四类，在服务实施中其侧重点各有不同。

一、人才评价常规咨询服务

基础咨询服务包括参考咨询服务、信息素养培训、嵌入式学科服务等。这类服务用户需求相对直接、简单，通常通过少量交互或者工作在现场即可完成。比如在参考咨询服务中，有读者想要了解SCIVAL数据库的一些基本情况，这时图书馆员可以即时根据问题进行解答。

（一）参考咨询服务

在新的网络时代大背景下，参考咨询服务的开展必须要突破传统图书馆服务模式的限制，变革原本处于被动地位的参考咨询模式，主动开展咨询服务。图书馆馆员要充分了解用户群体，按其对服务的需求改进自身的工作。对手机移动、泛在服务等新技术要做到先知先觉，充分利用，以满足读者的不同的服务需求。

传统的参考咨询服务都是由参考咨询馆员在图书馆内部和读者面对面进行，或者邮件传递完成的，相对比较被动，有时候也会因为知识储备不足或者计算机设备的条件问题无法即时地反馈给读者满意的信息。但是，移动网络的发展带给了图书馆服务新的生机，移动网络设备和技术不断地被引进到图书馆中，参考咨询服务的开展方式也得到了翻天覆地的改变，网络上大量的信息成为了用户获取信息的主要途径，用户可以主动地依靠移动网络设备随时随地地在互联网上畅游，主动查询、搜索自己想查找的问题。长此以往，网络上繁杂的信息逐渐误导甚至危害用户，同时图书馆参考咨询服务也逐渐被弱化和边缘化。所以，参考咨询服务方式必须化被动为主动，深入到读者中去，用准确性、即时性满足读者的求知欲，让读者真正了解到图书馆员提供的服务与百度、搜狗、Google等搜索软件存在的本质性差别。尤其是面向广大师生和科研需求的高校图书馆，参考咨询服务必须及时、准确，信息资源的质量影响着每一项新技术或科研成果。依靠移动终端实现的参考咨询服务可以不限时空地完成服务，更及时、更准确地对特定人员进行个性化的信息推送，从咨询服务的被动转向主动化，突显图书馆员自身的职业素养。更重要的是，深化了咨询服务内容，研究人员各方面的专业性问题可以得到深入研究，再反馈给用户，提高服务质量和效率，缩短回答时间，能解决学科用户的问题，满足用户需求。

在这个过程中，参考咨询服务不断发展，有了新的变化。图书馆员以用户需求为目的，把知识分析的结果通过技术手段推送给研究人员，提供针对性的服务。所以，图书馆应充分利用自身优势，随着用户需求的变化不断深化和拓展服务内容。[1]

1. 充分利用新媒体，实现网络移动化

依赖于成熟的互联网、无线移动网络以及新媒体技术支撑下的图书馆参考咨询服务，是现阶段图书馆参考咨询服务最重要的标志。用户利用移动设备如手机、iPad 等，可以不受时间空间限制，灵活利用图书馆参考咨询服务，快捷、便利地获取自己需要的信息资源，自助浏览、查找和获取文献咨询服务。

移动技术的快速发展给社会带来了挑战，更大程度上提高了图书馆开展参考咨询服务的能力，读者可以借助移动网络畅游在图书馆知识的海洋里，随时随地地享受无线开放的参考咨询服务。服务移动化是未来参考咨询服务发展的一个必然趋势，它对信息获取的便利性和灵活性是其运用到图书馆服务的优势所在，服务形式主要包括读者状态查询、短信通知、短信参考咨询、数据库检索、读者指南浏览乃至文献全文访问下载等。

2. 开展个性化、定制化参考咨询服务

个性化服务是指图书馆在提供信息服务的过程中，根据用户的特定需求，

向其提供有针对性的信息和服务等，并能根据其需求的发展变化进行自我调整的服务模式和服务理念，使参考咨询服务内容个性化。

用户可以在图书馆网站上进行个性化操作，通过相应功能模块，如“个人信息管理”查询或修改个人信息，通过“我的图书馆”查阅自己的图书借还信息，通过微博、微信公众号发表自己的见解和评论等。参考咨询服务一直本着为用户服务的原则，所以咨询馆员一定要以用户至上的想法服务大众。在移动信息环境下，不同用户拥有不同的背景也有不同的需求，图书馆应该根据用户的类型去订制针对性的参考咨询服务，对于科研人员或高校师生应该提供学术性强的咨询服务，对于管理层应该提供决策支持层面的咨询服务。除此之外，图书馆可以利用信息推送服务的平台，把最新的信息资源主动推送给有潜在需求的用户，用户也可以利用 RSS 工具自助的定制资源和服务。开展个性化、定制化参考咨询服务是参考咨询服务时代演变的必然趋势。

3. 充分发挥学科馆员的作用，深化参考咨询服务内容

网络的快速发展与学科划分细致化使图书馆迫切需要学科馆员的角色来满足用户对信息获取的需求。学科馆员比传统参考咨询馆员的服务内容更广泛、更专业，充分发挥学科馆员对馆藏和科研用户之间的桥梁作用、与用户的联络作用和有针对性的服务用户的作用，优化参考咨询服务，促进学科用户科研的发展。

学科馆员通过参考咨询问题管理系统查看、分析用户问题，对学科和科研便利的获取自己需要的信息资源。服务形式主要包括读者状态查询、短信通知、短信参考咨询、数据库检索、读者指南浏览乃至文献全文访问下载等。

4. 走合作化的参考咨询服务道路

图书馆参考咨询服务的合作化也是咨询服务发展的必然趋势之一。随着越来越多的用户加入到移动参考咨询服务中，任何一家图书馆都不能满足用户的所有需求，所以合作化路线是移动参考咨询服务要走的道路。例如多家图书馆联合起来，共同为用户解决遇到的问题。馆际合作应用到移动终端上，既能方便用户查询所需信息资源，还能给用户提供更全面的信息资源。移动通信平台的便捷性为合作参考咨询服务的开展提供了必要的技术条件和应用平台。

总的说来，网络信息时代，各种科技产品如浪潮般涌来，各种新事物层出不穷。图书馆参考咨询服务的发展一定要大胆利用互联网新媒体，主动创新，突破传统限制，实现服务的转型。

（二）读者培训/信息素质教育

信息素养是信息时代背景下，为了更好地获取、分析、挖掘和利用海量无序的信息资源，在实际信息活动过程中所表现出来的基本意识和能力。这也就意味着高校图书馆工作者在进行实际服务时既要提升自身的信息素养，又要注重思考如何利用信息素养开展服务。

信息素养作为获取、利用和评价信息的知识结构，是现代人才的必备条件之一，也是学科建设者、学科研究者和学科服务者所需要具备的。对于普通大众，信息素养培养注重强调信息能力的培养，即对信息的收集、处理、利用、评价和传递等基本的信息能力。而针对学科相关人员的信息素养培养内容更加丰富和深刻。[2]

在信息环境中，每天都会有数以万计的新信息涌现，其中混杂着大量无用甚至是有害的信息。人才之所以杰出，很大程度上是因为他们对于有用信息具有高度的敏感度，他们捕捉和判断信息的意识比一般人要强得多，能够迅速辨别和捕捉对自己有用的信息。此外，他们对不良信息有很强的抵制能力，并且对信息技术的最新发展也能有意识地关注和利用。创造性教育实际上是以卓越的信息意识和信息能力的培养为基础的，加强信息意识的训练，提高人才的信息敏感性，更有助于人才的培养。

信息生态背景下人才的信息素养培养内容包括信息能力、信息意识和信息道德。可以这样来表述人才信息素养特有的构成要素：

（1）对信息、信息化、信息社会的特点有正确的理解；有强烈的信息意识及获取所需信息的欲望，对信息有较强的敏感度；关心教育信息化进程，积极投入计算机等信息技术的学习和教育信息化相关工作。

（2）认识到获取信息对教育与科研工作的重要性；在学习或教育教学工作等问题的解决过程中，能确认自己的信息需求，并灵活地通过多种渠道较迅速地获取有效信息。

（3）能准确、快速地从不同角度解读信息和批判性地评价信息；能将信息应用于批判性思考。

（4）能有效地吸收、存储、快速提取和发布信息；能较好地管理自己搜集到的或自己生成的信息。

（5）能对相关信息进行有效整合，创造性地使用信息解决问题；能用尽可能好的方式表达、呈现（或存储）自己生成的新信息。

（6）能将以上一整套信息技术更好地运用于自己的继续学习和交流。

（7）遵守信息道德，懂得维护信息安全。

具体体现为高效的信息搜集、分析、评价、综合、处理、创造、再创造和传播信息的能力；准确识别自身信息需求的能力；深刻了解信息社会本质旳能力；认识信息价值的能力；克服信息焦虑的能力；良好的信息沟通和交流能力；有效信息的捕捉、抢先意识和信息忧患意识；遵守信息行为规范、保护知识产权、抵制不良信息和敌对势力信息渗透的能力；信息保密、信息安全和信息经济意识；以及拥有信息道德和信息责任，并在信息活动中保持合作和创新精神等。

学科用户的信息素养水平是学科得以顺利建设和发展的重要保证，也是人才评价咨询服务能够有效开展的基本前提。学科的建设团队主要由学科带头人、学科专家、科研室教师及其他一些高学历的人才组成，其中部分人员或多或少地欠缺文献信息的搜集、筛选、整合能力和对研究前沿的把握能力，对于检索信息、获取信息、组织信息、利用信息、评价信息和创造信息的能力比较低，这种学科用户之间信息素养的差异性，直接影响了学科馆员学科服务工作的有效开展，同时也在一定程度上制约了学科建设的进展。因此，可以对学科用户开展“嵌入式”信息素养教育，即学科馆员有目标、有计划将信息素养教育包括信息意识、信息知识、信息能力和信息道德融入到整个学科的教学、科研过程之中，最大化提高学科用户的信息素养水平，从而更好地促进学科建设。

在学科用户的教学和科研过程中，高校图书馆可以对学科用户开展信息素养教育的短期培训、专题讲座以及在线教学等，让他们掌握必备的信息技术，主要包括：信息获取来源与途径、信息检索、信息整理、信息评价分析、文献数据挖掘、利用图书馆数字资源、认知图书馆人才评价咨询服务等。同时，可参与到科研型学科用户的学术活动中，实时、及时了解学科用户信息能力方面的不足，有针对性地进行引导、教育。另外，也通过问卷调查、访谈等方式了解学科用户在科研过程中的信息需求，在获取文献、组织文献、分析文献、评价文献等方面存在的问题。

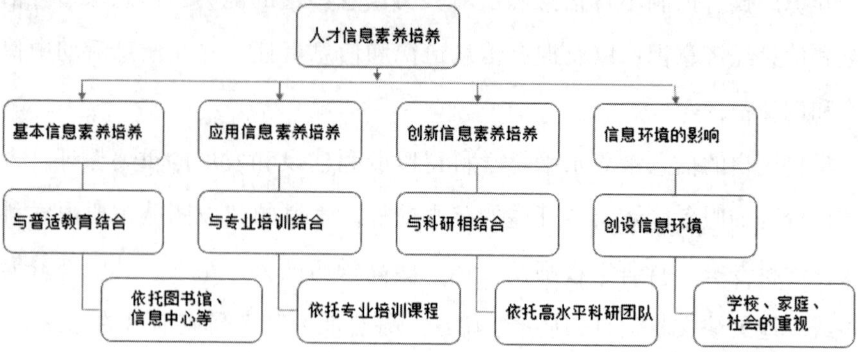

图 5-1　人才信息素养培养方法

资料来源：沈田．信息生态背景下拔尖创新人才信息素养培养研究［D］．中国地质大学，2012，第 43 页

（三）嵌入式学科服务

嵌入式学科服务（embedded subject service）作为一种最新的学科服务理念，它完全以用户为中心，以融入用户的科研过程用户的物理空间或虚拟空间为手段，以满足用户需求为最终目标，是当前图书馆学科服务突破瓶颈、迎接挑战、实现与科研用户实质性合作的重要途径，逐步在国内外图书馆学界引起广泛关注和探讨。嵌入式学科服务是通过图书馆员嵌入用户过程和场景，有机地将图书馆的资源与服务与用户的需求相结合，提供即时、有效、有深度的信息服务与知识，可见嵌入式学科服务是积极主动地利用自身及图书馆资源为用户提供及时有效的服务模式。

目前，嵌入式学科服务在国内外没有统一的服务标准，每个学校都是根据本校学科建设的需求不断调整和创新学科信息服务的内容和模式。大体可以在以下几个方面开展嵌入工作：第一，嵌入学科信息服务平台建设。在图书馆的网站上建立专门的学科信息服务平台，该平台力求包含学科建设的大部分资源，比如：学术会议信息，学科数据库、学科网站链接等，还包含为本学科服务的学科馆员信息，学科馆员可以把学科前沿、学科动态等学科服务产品发布于该平台，还可以提供在线信息素养教学资料和在线咨询服务。第二，嵌入学科用户的教学、科研过程。为学科用户提供最新的教学资料、教学方法、案例分析是学科馆员嵌入教学过程的主要内容；对于嵌入科研，学科馆员可以持续跟踪整个科研过程，研究前提供学科动态分析服务，为选题立项提供定题服务，研究过程提供跟踪服务等，最大限度地协助科研。第三，嵌入学科用户的虚拟空间。学科馆员可以通过虚拟参考咨询平台、QQ、微信等方式与学科用户进行实时交流，及时为学科用户排忧解难，另外利用RSS信息推送技术，有针对性地向学科用户推送有用信息。[3]

由于图书馆的馆藏、技术、人力和服务水平等资源的限制，图书馆无法对每一个学科用户都提供个性化的学科服务。因此，图书馆应根据学校学科发展规划、自身服务水平和学科用户的服务需求有选择地为不同学科层次的用户提供嵌入式服务。根据高校用户的特点，将学科用户分为三个需求层：学习型用户、教学型用户、研究型用户。学习型用户主要为本科生；教学型用户要为以授课为主的教师；研究型用户主要包括教授、学科带头人和研究生等。

研究型用户需要掌握如何全面获取相关资源，通过有效的组织和利用资源节省科研时间，准确掌握研究领域的发展现状和未来发展趋势，在科研的全过程中随时提高信息素质以适应课题的进展。此外还十分关注科研成果的发表、鉴定、评价、验收、转化和报奖等。这其中，教授、学科带头人都不同程度地承担着科研任务，研究生也往往参与到课题的整个研究过程中，是科研团队的重要组成部分。因此教授、学科带头人和研究生是图书馆学科服务的重点对象，应针对课题的不同研究阶段，不同科研用户，有针对性地开展学科服务。

1. 课题的立项阶段

在课题的立项阶段，馆员以科研合作伙伴的角色深入到科研一线，主动与科研团队保持密切联系。通过定期上门走访，了解他们的研究进展、研究动态和科研需求并适时调整服务方向。建立重点用户需求档案，使图书馆了解重点用户的研究动态，并为以后的学科服务总结经验。为课题研究人员提供课题的历史、现状和其未来发展趋势的详细背景材料。搜集整理国内外相关研究文献，做好文献建库工作，根据课题研究的需要对文献进行组织分类。利用文献分析工具，对研究领域发展现状和发展态势进行定性和定量分析。适时开展科技查新工作，帮助课题组进一步明确创新点。协助课题组完成项目申请书的撰写。

2. 课题的研究阶段

在课题的研究阶段，通过参加课题组的组会讨论，快速掌握课题组的研究进展和存在的问题，了解科研用户的信息需求，及时提供有深度和广度的学科服务。根据课题组长、一般科研人员和研究生在课题组内职责和需求不同，信息素质参差不齐，需要提供差别化个性化的服务。

课题组长把握学科发展态势，规划项目实施，主要提炼分析后的学术前沿发展报告；一般科研人员在课题组内大都有相对固定的研究子方向，关注实验动态和结果的分析处理，在 SCI、EI 等英文论文写作方面有较强的信息需求，因此需要提供学术论文写作和发表方面的协同服务，重点对与研究领域相关的 SCI 期刊特点进行分析，在此基础上，提炼和总结具体的写作技巧，比如标题、摘要的撰写技巧并编写期刊投稿指南。研究生只对自己所负责的实验感兴趣，信息素质差距较大，主动思考性差，需要加强信息素质教育和科技论文写作的培训，如对数据库的使用方法、技巧和数据库各项增值服务的培训，以及论文写作技巧和投稿指南的培训等对科研用户开展的嵌入课题的信息素质培训与嵌入课堂教学中的信息素质培训不同，培训更加强调针对性、适用性以及与培训对象之间的互动性。培训的内容也更针对与科研相关的内容，如统计软件 SPSS、SAS 的使用，文献管理软件 Endnote、NoteExpress、Refwork 的使用，学科分析工具 WOS、Scopus、RefViz、Citespace、TDA、Innography 的使用，课题跟踪工具 Email-alert、RSS 的使用和论文编辑软件 LaTex 的使用。通过这些培训来提高科研人员的信息素质和自我服务能力。

3. 课题的结项阶段

在课题的结项阶段，馆员要协助课题组负责人把课题的全部材料收集齐全，严格审查、把关，确保归档文件的质量。在科研成果的鉴定、评估、验收、转化和奖励过程中，馆员通过在线咨询、电话咨询、邮件咨询等服务方式，随时为课题组提供针对性和紧急性的信息服务。协助课题组成员及早发现研究中的薄弱环节，及时进行深度的知识材料补充，确保研究成果的学术价值。科研成果发表后，提供文章被引及收录情况的跟踪分析，使科研用户掌握自己研究成果的影响力。

二、人才绩效评价服务

绩效评价服务主要包括成果统计分析、学者科研绩效评价、拟引进人才科研能力评估。这类服务可称为定制服务，具有服务对象明确的特点，须针对用户的个性化需求，开展大量的计量分析工作。经过多年数字化、信息化建设和发展，高校图书馆已积累了大量数字信息资源，以及熟练掌握信息检索技能和相关技术手段的人力资源，充分具备了采集、挖掘可以支撑管理决策的源数据以及数据统计分析的能力，从而可为高校管理提供决策支持服务，帮助管理者做出科学的决策。这将成为图书馆信息服务新的生长点；同时，这也是图书馆义不容辞的使命，是图书馆自身转型发展的需要。

在服务过程中需要强调与用户的充分沟通，确保就工作目标、计量指标、存疑问题的处理方法等达成一致；同时重视建立服务反馈与评价机制；得到计量分析的初步结果后，须根据用户反馈调整结果，方可形成最终报告；最终报告完成后仍然需要了解用户评价，特别是报告应为用后的反馈，以便进一步改进工作。

（一）成果统计分析

高校/院系管理层需要大量信息为人才的成果统计乃至随后的管理决策提供支撑服务。在当今争创世界知名高水平研究型大学的背景下，我国高校要想取得跨越式的发展，教学、科研、管理、保障服务缺一不可。其中，管理决策对学校的发展又起着至关重要的作用。为了做出科学的管理决策，高校管理层需要系统掌握各种相关数据，例如人才发展的各方面数据，不仅包括人才当前的发展状况，还包括纵向的发展态势，以及在此基础上的统计分析结果。只有基于坚实的客观数据，才能更好地认清本校当前所处状态，明确存在的问题，以便把握各方面的现时动态，梳理以往规律，预测今后发展趋势，明确努力的方向。[4]

科研成果的概念一般意义上指对某一科学技术研究课题，通过观察、实验、设计、试制和辩证思维活动所取得的具有一定学术意义或实用价值的创造性结果。它具有科学性、新颖性、先进性、创造性、系统性、权威性，并具有一定的研究难度和复杂性。因此只有科研课题中成功的结果或研究结果中具有创造性、积极性的部分，才构成科研成果的要素。

研究型大学科研成果统计是指在其他各种专门科学取得成果的基础上，运用大量观察、统计分组和统计指标的方法对其科研成果的总体现象和过程进行定量描述和分析研究，以帮助探索其数量特征和变化规律。按照市场需求类型、领域和水平等指标统计科技成果，为考察研究型大学科研成果市场竞争优势提供新的依据和基础。原始性科技创新孕育着科学技术质的变化，是当今科学竞争的制高点，为了获取和保持这种竞争优势，通过定期、系统的统计工作，一方面可以随时掌握高校的科研动态，反映研究型大学的实力、水平和科研潜力，以利于标杆学习；另一方面科技成果统计，有利于科学交流、分享经验和合作创新，有利于调动教师和科研人员的积极性，形成科研成果层出不穷的格局。

研究型大学最重要的特征就是其科学研究的前沿性和卓越性，尤其是科研成果的数量、经济价值和社会价值及社会认可度。研究型大学科研成果产出的水平，不仅是衡量研究型大学特征、标准的重要指标，也是评价学校教师、科研人员的重要依据。对科技成果进行有效管理，加速科技成果转化，也是研究型大学服务社会职能的重要表现。

科技成果统计是研究型大学的一项经常性和基础性管理工作。通过定期、系统的统计工作，一方面可以随时掌握学校的科研动态和科研潜力，另一方面可以通过成果统计，调动教师和科研人员的积极性。此外，获奖多少，获奖等级高低，也可以从一个侧面反映研究型大学的实力和水平，反映各学科的研究状况。目前科技成果的统计基本上有两种统计方法：一是经常性统计，而是阶段性统计。研究型大学科技成果统计是掌握学校科研管理重要手段，是进行科技成果奖励和确定科研管理工作方向的依据。上述统计与网络结合，可以实现各院系之间的信息沟通，分享科研资源，资源整合和集成创新。可以根据不同统计要求，对动态数据库的某些字段进行检索、统计和报表输出。使数据统计更加准确，更具科学性。

（二）学者科研绩效评价

科研绩效评价是对科学研究活动本身、所取得的科研成果以及这些活动和成果所产生的实际效应进行评价和估算的活动。科学合理的科研绩效评价体系不仅可以为政府加大对科学研究投入提供依据，更是加强、改进科研管理，不断激发科研人员创造热情，促进科研成果质量提升的保证。科学公正的绩效评价制度是大学有效配置和激励教师的基础。建立符合学术发展规律的教师业绩评价机制，提高教师评价的准确性对教师聘任制的真正建立具有重要意义。[5]

学校的发展关键在于师资队伍，客观准确地评价师资队伍的现状及发展态势，对学校的发展至关重要。在教师职务聘任中存在定性评价和定量评价两类科研绩效评价方法。那么，何谓定性评价？何谓定量评价？这两类方法哪一种更适合对科研成果质量进行评价呢？

1. 定性评价

定性评价，是采用描述、解释等定性方法对评价对象做出相应的价值判断。由于缺乏理论依据，不成系统，评价过程也易流于形式，加之容易受到评价者本人的认识、经验以及对被评价者的印象等主观因素的影响而具有较强的主观随意性，因此，定性评价被视为一种模糊评价。虽然定性评价具有明显的不足，但是并非所有的评价对象都可以数量化，“精神产品的质量和绩效是无法用数量来界定和衡量的”[6]，因此定性评价在很多时候又是不可或缺的。

定性评价往往是和同行评价联系起来的。从学术发展的历程来看，最初的学术评价只是学者群体内部的事情，并不存在外部评价的问题，而且学者同行主要采用定性评价的方法。同行定性评价是学术评价的最初形式，也是学术共同体进行学术交流、探究真理的重要方式。同行评价的合理性是由学术研究的本质决定的。大学教师从事的是高深专门学问的研究，学者同行是唯一对本领域的研究成果的价值有发言权的人。国际上通行的同行评价由通信评议制度、学术委员会制和代表作制等多项制度构成。同行评价往往通过聘请同一学科领域的知名专家对被评价人研究成果的规范性、创新度等内容进行主观的、定性的评价。相对于定量化的评价方法，同行定性评价往往更加直接和全面，而且也可能更加准确。当然，同行评价的准确性也受到多方面的限制。科学的同行评价需要有较多的学术同行，但是，一方面，有些领域可能没有足够多同行专家；另一方面，聘请足够的同行专家需要较多的时间和成本。而且，同行评价对学者的职业操守有较高的要求。从现实情况来看，由于缺乏客观的标准，加之很多专家“学者意识”淡薄，同行评价容易受到人为因素的干扰，公信度不高。

2. 定量评价

面对定性评价的诸多质疑，越来越多的大学选择定量评价方法对教师的科研绩效进行评价。教师科研量化评价就是运用计量学的方法以数量比较的形式对教师的科研能力和学术水平进行判断。定量评价具有精确化的特点，便于评价结果的统计，而且评价过程的标准化和评价内容的规则化使评价结果趋于客观化，进而在形式上表现出较高的准确性和可信度。而且，定量评价便于对教师科研绩效进行横向和纵向的比较，具有较高的可观测性和可操作性，也便于评价过程的公开。有研究指出，科学合理的量化评价指标体系，可以保证高校教师职务任职资格评审的规范化，可以有效地遏制评审工作中的随意性和偶然性，可以客观公平地反映申报人的水平和取得的成果，提高评审质量。

此外，科学的科研成果量化考核也可在教师中产生导向作用和营造竞争氛围，促使教师们多出成果。科研绩效的定量评价是建立在文献计量学特别是核心期刊制度之上的。在实践中，很多高校的科研绩效评价都遵循着这样的思路：学校首先制定一个研究成果分级分类标准，然后根据各级各类成果的数量对申报人进行计分排名，最后根据晋升名额依照排名先后确定聘任人选。这种评价方式是建立在如下假设之上的：一个学者的水平是由其完成的科研成果的质量和数量决定的，而科研成果的质量则是通过其级别来体现的，发表论文的刊物的级别越高，被引用的次数越多，其水平也就越高。但是，这种假设的合理性还有待商榷。

任何学术评价制度都应以保护和发展学术功能为指归。教师科研绩效评价主要是对科研成果质量的评价，应以有利于教师开展原创性研究、推动学术进步为目标。因此，图书馆将为学校师资队伍建设提供决策支持服务信息发挥重要作用，做好在校科研人员的绩效评价分析：依据设置的评估指标，按学科和部门分别对在校科研人员绩效进行评价分析，分析校内人才结构现状及科研能力，从校内现有教学科研人员及团队的科研状况中遴选出发展对象进行人才保护等。

（三）评估拟引进人才科研能力

高校引进人才的重要作用在于提升高校教师队伍的整体素质，现有各大高校由于一直偏重与遵守传统观念，中国的地理因素也间接导致高校每年在录取新人的时候倾向与自己学校或者地理位置比较近的高校。这样招收的新人不仅对本高校比较了解，流动性相对较低。但这样就导致结构偏向于“近亲繁殖”。教师间存在师生关系，由于接受相类似教育影响教师间思维固化，而引进人才的介入就能够避免这种现象的出现，加强教师间的学术交流，在互相的交流中激发新的学术思想和科研成果。这种知识的沟通有利于带动科研团队和教学组织，更加灵活化对于教师队伍的建设具有重大意义没能够使得各个高校科研水平大幅度提升。其次，对于刚刚进入高校引进人才往往处于寻求更好的学术发展平台而流动，所以这类人才的事业上进心比较强，在进入一个新的领域之内的时候会导致其他原有教师会产生自我领域被侵占的心理自我保护防线的提升，这样起到一定的激励作用。当他们认识到自身能力的不足，就会自我行动来提高自己的软硬件实力，例如：更高的学历、更高级别的职称、更强的教学和科研能力等。综上所述，高校引进人才的融入会促进本校教师队伍建设向积极、快速的方向不断发展，能够整合教师队伍，促进教师加速成长，甚至能够启动高校间的良性竞争。[7]

在高校引进人才评价指标当中，科研能力往往多种考察指示中是非常重要的一项固定指标，不仅能够影响各大高校人才引进的质量，而且会影响到高校科研能力的产出量。然而，目前大部分高校缺乏极具优秀个人能力的学科带头人，不具备高素质有扎实理论基础的科研专家、学者，缺乏科研项目、科研经费，使学生很难参与到生产实践当中去，降低了学生掌握先进应用技能的机会，进而导致到学生整体素质和能力的下降[8]。而且，科研水平是各个高校主要实力的体现方式之一，高校引进人才主要从事基础理论教学，理论的深入挖掘，研究成果在产业中得到应用最能检验科研的效用。如果一所高校的专业设置齐全，专家众多不但研究成果促进科技发展，而且还能为教学服务，还可以为高校培养大部分的教师，在一个科研团队中往往青年教师基本占大多数，虽然他们拥有较为全面基础理论知识的硬件条件，但缺乏磨炼不具备扎实的理论实践和应用能力，但在一个学术团队中高校引进人才可以发挥带领作用，不但得到科研成果也同样为高校培养出一批拥有丰富经验的高校教师。与此同时，高校引进人才可以凭借其大量的生产实践经验、高级技术的应用能力以及高级技能操作能力，而且还具有很高的授课能力，可以很好地融合基础理论的深入挖掘，传授理论的基本能力。对于科研活动高校引进人才对于本领域的最新理论和实践方法都有很敏锐的嗅觉，能够在短时间内掌握新知识，新技能，并在此基础上加以综合应用，并在课堂上将实践操作技能传授给学生。高校引进人才会加快个人基础理论知识和实践应用能力的提升并且将个人所得交流给学生、老师以及团队中的研究成员。这样不仅有助于培养高层次、高水平的高校学生，而且能够促进教师能力和科研水平的提升。

学校的高价值体现在高产出，而对于学校而言高产出意味的不仅仅是拥有优秀的毕业生，还有更高的经济价值和社会价值的产生，为提高人民生活水平而进行有意义的科研活动。“产学研结合”的项目是为了高校引进人才在从事的科研和人才培养的同时满足与科研密切联系的个别企业实际生产需求而存在的。学校可根据实际需求强化优势学科，同时提升交叉学科有益融合的实力。在高校学科改革过程中有的放矢、有计划性地做事情，这样才能够避免专业和学科改革上盲目跟风，朝着有计划的改革方式上进行。此外，对高校来说，教学工作需要一些有经验的教师，倘若高校现存体制和机制不能达到理想的状态，高校可以通过“绿色通道”在其他高校或企业中选拔出具有丰富的科研实践经验而恰好被高校所需的高科技人员，并将其聘任为高校的全职或兼职教师或者部分实践课程的指导教师，最低限度投入最大限度产出的效应下补充学校所不足的教师数量、质量。[9]变革制度和思路确立一种新的创新人才培养的模式。从高校人才培养的模式创新切入，可以让我们将培养目标和培养方法科学有机地结合起来，从根源处推动高校教育培养模式的教学改革；实现校企共赢为学校培养教师，学生，为企业创造利益，为社会创造价值。在这个产业链中，找到企业、学校、科研单位各方优势和利益的切入点和结合点。

因此，在高校里，为实现高校的战略目标，通过对评价目标进行分解，即将高校的战略目标层层分解，具体落实到高校引进人才的个人工作目标，将学校的战略目标和每位高校教师的职业生涯目标相关联。通过对高校引进人才评价结果的分析得出引进人才作为独立个体的工作效率，并以此为根据，有效地引导高校引进人才，提升其工作水平；同时也可以引导引进人才自我回顾，反省自己过去的行为带来的结果，及时找到不足之处，改变个人教学科研的方式方法，达到提高个人教学和科研能力的目的。[10]对高校引进人才的评价不仅要关注引进人才的现有表现，也同时要注重关注引进人才可能的未来发展，这才是对引进人才进行评价的最终目的。最终才能对于高校引进人才个体的教学科研情况，有人事管理部门给予引进人才符合其自身情况的相应指导意见和建议；并根据高校的实力制定或引进培训计划，或者以访问学者方式派遣到其他友好学校进行交流和学习等，通过高校引进人才的提高促进高校水平的提升。

因此评估拟引进人才科研能力：对应聘的学科性人才的学科发展状况和发展潜力进行综合评价，主要评价其科研水平和科研发展潜力，预测拟引进的高端人才对本校科研能力的影响。综合评价结果提供给校领导及相关职能部门，作为人才引进决策时的参考信息。

三、人才竞争力分析服务

高校图书馆的职责是为高校的教学科研服务，科研情报的搜集、整理、分析、研究以及提供是高校图书馆的职能和专业技能之一。

科研竞争情报是以科研竞争为主导的各相关领域竞争的必然产物。在科学技术迅猛发展、情报信息猛增的今天，科研竞争情报对于科研工作具有不可小视的作用。高校图书馆若能为本校科研提供全面、准确、快速、系统以及具有决策性的竞争情报服务，不仅可以使科研人员从基金申报、科研立项、研究过程、成果评估以及科研成果的转化等方面及时获得最新最有效的情报信息，提高国家科学资源的利用率和科学研究的效率，使高校的科研始终处于前沿位置，同时也可以培养具有市场竞争力的科技人才和科技服务人才。研究现状表明，目前我国以高校科研为主要对象，有针对性地系统研究科研竞争情报的成果不多，且欠成熟；以高校图书馆的服务为研究对象，研究科研竞争情报服务的内容较为单薄，已有的研究文献从整体上对于高校图书馆开展科研竞争情报服务工作的操作性和指导性不强；高校图书馆本身对于高校科研的情报贡献率也不高。

为科研服务必然要关注科研竞争情报，也必然要开展科研竞争情报服务。那么图书馆员如何履行好本职工作，将竞争情报的理论和方法应用于学校的科研竞争情报服务中呢？首先，考虑到当今社会对科研竞争情报需求的现实以及科研竞争情报在社会各领域的应用趋势，需要各行各业重视科研竞争情报的作用，在科研竞争情报的帮助下，提高科研能力，考虑到我国高校图书馆作为科研竞争情报服务的主力军，实现科研目标；其次，考虑到我国以及高校的科研竞争力还较弱，影响到我国高校科研乃至人才培养的整体水平和整体实力，需要高校科研人员关注国内外在科学研究方面的最新研究成果以及前沿动态，关注科研领域的竞争态势，发挥高校固有的人才、科研优势，提升高校的整体实力；其三，考虑到目前存在着还不能充分发挥其在高校科研竞争情报服务中的作用，需要开展有关科研竞争情报服务的理论研究和应用研究，以促进高校图书馆更好地履行其为高校科研服务的职责，促进高校科研水平和科研能力的提高，为高校科研竞争力的整体提升发挥应有的作用。[11]

随着我国科研的发展，科研资源的配置越来越受到关注，各种科研竞争力评估也应运而生。众多评估案例从不同角度、采取不同的指标来评价机构间的科研实力，也产生了很多版本的高校排名。目前常见评估案例的内容以机构间的对比评价为主，主要为国家级别的资源配置提供信息。但对于单个的科研机构而言，其管理部门还经常需要在机构内部的各子机构之间配置资源，因而迫切需要全面了解院系等子机构的科研发展情况，识别出较有潜力的领域和科研团队。在这种情况下，针对某一机构及其子机构的科研竞争力分析报告，将有助于管理部门准确把握各机构目前在国内外所处的位置，科学判断机构所面临的竞争态势，合理分配科研资源。

科研的评价角度非常多，如学术论文产出情况、著作产出情况、获奖情况、科研项目情况、科技会议参与情况、经费的获取与投入产出比情况等。无论从何种角度出发，都要在同行评议的同时，提供一个基于客观数据的量化评估体系作为基准和参考，才能实现公平客观、科学合理的科研评估。文献计量学分析将提供有关学术活动的一般特征信息，还是一个保持同行评议过程诚信的工具。因此图书馆多从文献计量的角度，探讨如何依据事实数据，客观评估机构、尤其是其子机构（院系）在学术论文方面的科研竞争实力。

在此部分中，涉及人才的竞争力分析服务主要包括同行学者科研竞争力分析、人才追踪等。这类服务需求一方面是直接来源于用户，例如某个实验室需要对全球同行学者进行客观分析，另一方面是图书馆员主动开展的工作，从信息搜集、数据统计、分析和加工到出具报告等工作，利用图书馆已有的评估工具，满足不同需求，为用户提供更细致的信息。这类工作目前已有部分图书馆开展起来。上海交通大学图书馆的情报分析服务在实践过程中，先后制定了《学科发展评估的流程与规范》、《人才评估报告工作规范》、《人员评估数据下载及分析操作指南》等规范与指南，确保了服务有条不紊地持续推进与发展。以机构人员学术影响力分析为例，一般评价指标体系涵盖学术研究活跃度和学术研究影响力这两个一级指标，每个一级指标又分别包含三个二级指标和若干参数。但是对于人才引进前的评估，评估目标是确定研究人员是否值得引进，其中涉及较多与标杆人员和标杆机构的数据对比。因此，图书馆在评估报告中创新性地设计了引进人员“学术坐标定位图”，以“期刊论文发文水平”和“期刊论文被引水平”作为评价参数，通过气泡定位图的形式直观反映研究人员的学术地位，得到了学校人力资源部门管理决策者的广泛认可。[12]

科研活动是有规律可循的活动，科研竞争情报服务工作是围绕科研活动进行的，关注科研活动的规律以及科研活动过程。将科研活动规律、科研活动过程与对科研竞争情报服务的理解结合起來思考，杨婷等学者深入讨论了科研竞争情报服务的内容。

首先需根据科研竞争力要求生成科研竞争情报产品。根据科研竞争的基本要求，所需要的竞争情报产品至少包括三大方面：

（1）科研环境竞争情报，包括内部环境，即内部的科研实力（人才、经验、研究基础等）、科研条件（设备、政策、经费等）、组织文化等；外部环境，即外部影响科研活动的因素，包括科研竞争对手、成果应用环境、成果需求环境、成果转化环境、科研项目研发信息、科研合作伙伴等。

（2）科研现状竞争情报，包括科研同行信息、已有成果信息、在研项目信息、研究进展信息等。

（3）主题内容竞争情报，包括研究论文、著作、数据、实验报告、研究综述等。为此，科研竞争情报服务必须根据科研活动需求对科研竞争产品的具体主题内容加以规划和把握，同时则应当根据需求注重产品生成中的情报搜集、整理、加工、分析和研究的全过程。

其次需根据科研活动规律和活动过程提供科研竞争情报服务。科研竞争情报服务工作准确地形成上述三大方面的有针对作的目标是依照科研规律和研究过程的需要及时性的竞争情报产品，并提供给研究主体，使科研主体能抓住机遇、规避风险，顺利完成科研任务，并获得具有竞争力的研究成果。一般而言，通过课题立项方式进入研究的科研活动过程为：选题设计—课题申报—项目立项—实施研究—产生成果—成果鉴定—成果推广—成果转化等。日常科研活动除没有课题申报、项目立项过程外，涵盖了所有科研过程。很显然，在这一系列的科研活动中都存在着竞争，既存在着机遇，也存在着一定的风险。关注科研活动过程，遵循科研活动规律，根据科研竞争需求，形成并提供竞争情报产品，则可使科研活动形成强有力的竞争态势，使科研活动达到预期目标。因而，为科学研究提供具有竞争力和专门化的竞争情报产品，是科研竞争情报服务的又一重要内容。

四、人才评价衍生服务

（一）促进人才评价基础数据库构建

人才评价咨询服务在应对高校人才评价的实时问题的同时，掌握了第一手的人才资料，因此可以衍生出一些重要的服务内容，例如促进人才基础数据库的建设，一般来说，人才基础库可以由两部分组成：一是管理和评价在校科研人员的学术成果、科研项目，掌握当前各学科领军人才的情况和分布结构；二是收集、管理与相关学科专业的外部人才竞争情报数据，分析发现学科领军人才的变化，建立所需的高端人才数据库等。[13]

在以前，人才信息与知识是通过人与人接触而实现传播的，是由人们“口耳相传”方式而得知的，由于条件受限，没有直接的、及时的、便捷的获取途径。随着社会发展与科学技术的提升，人类进入信息时代，互联网的运用给信息的传播带来颠覆性的转变，信息获取的渠道变得更加广泛更加便捷，各类人才库应运而生。人才库即是将人才信息采集、整合、挖掘、组织而用以指导用户检索的数据库系统，只有建设人才库我们才能把分散的人才资源和知识资源整合起来，从中获取有利于社会进步和发展的有用信息。

（1）保证人才信息与知识有效、准确

随着科技的进步，人类文明进程的发展，人才数量也是与日俱增。在诸如大型活动或是大型突发事件应急机制中，人才的组织与管理显得尤为紧迫也尤为重要。人才个人显性及隐形知识对于处理个人、团体及社会问题时具有不可替代的作用。而传统的人力获取人才档案进行查找则在可操作性、时效性、资源容许度上都有很大欠缺。人才库的建立，首先将人力资源节省出来且能够保证人才信息获取的时效性，有效提高人才管理的效率与精度，为解决人类生产生活实践的各种问题提供了人才资源支持。

（2）增强人才资源开放性

人才库，其为档案管理发展的延伸与进步，最终目的是对人才信息进行组织、管理、保存，从而在有资源需求时能够及时利用；与此同时，人才个人与组织也利用此平台进行信息与知识的获取、传播、再创造。而人才作为一个社会的人，是一个独立的个体，是一个实时动态变化的个体，所以如何才能及时联系到人才、及时获得相关人才的知识则是人才库构建的一大课题。而面向知识导航的人才库将人才库与地理信息系统相结合，既不侵犯人才个人权益，又保证了人才资源的开放性。目前人才库类产品大多依托互联网这一媒介进行服务，面向知识导航的人才库也如此。而网络信息传播具有时效性强、传播性快、覆盖范围广、受众范围大、社会效益明显等特点，依托互联网的面向知识导航的人才库将人才信息与知识进行组织、传播与利用，能够最大限度地为社会各界进行服务、实现人才资源的开放性获取与利用。

（3）促进学科发展与人才培养

人才库将人才作为一个独立单位进行组织，从而发现人才之间的知识结构与人才的科研成果，利于学科的繁荣和科研成果的创新。人才产品的构建综合运用了层次分析法、文献计量学、计算机科学、人工智能等科学技术与研究方法，实现了通专融合的评价体系。通专融合是人才库构建的重要模式及指标，其关于如何科学构建、优化整合现行的专家所属行业领域体系，也关乎如何在海量知识术语、复杂知识网络中提取知识节点构造科学知识体系。各人才库的建立提高了专家人才管理的效率和精度，有利于人才储备，同时也使得人才评价活动更为科学化、智能化。随着科技的飞速发展，大众化的容易上手的地理位置导航系统发展得已经很成熟，在这个基础上更加有利于我们精确地按照地理位置来查看专家信息，直观上准确地查找我们想找的某个地区的专家，将不同地区的专家按照地址位置这个大网一个一个地联系起来，实现专家从点到面的全面覆盖。

（二）做好职称晋升人员绩效评价

辅助人事部门检索和评价本校学者的科研成果，利用计量数据客观地分析、评价申请晋升职称人员的绩效，促进科研、学术作风上的诚实守信。

第二节 基于量化指标的高校人才评价方法

一、高校人才评价指标体系的原则及特性

建立高校高层次人才评价指标体系的原则主要有科学性原则、客观性原则、针对性原则和全面性原则等。

（1）科学性原则：从信度和效度两个方面来进行考虑，保证评价结果的一致性和准确程度。

（2）客观性原则：排除主观个体因素的干扰，真实反映评价对象的综合素质现状。

（3）针对性原则：针对高校教师的特定职责范围，对其素质进行分析和描述，以别于一般的高校职位要求。

（4）全面性原则：对应聘者的心理、能力等各方面素质进行全面的测评。根据高校教师的特定要求，既要评价其教学能力，也要评价其科研能力；既评价其业务能力，也评价其管理能力。

科学的人才评价指标应该具有四个特性：与高校办学目标一致性、与高校发展阶段相适应性、指标的完整性、指标的层次性和可行性。[14]

（一）与高校办学目标一致性

制定高校人才评价指标，首先必须明确高校总的战略目标和业务重点，

制定组织层面的评价指标。在此基础上，从高校最高层向各个院系和教师岗位层层分解，由此形成的评价指标就成为高校价值评估的重点和人才评价的要素和依据。评价指标体系建立的过程，也是团结全体教师向高校战略目标努力的过程。目前我国高校实际情况往往是各高校制定了战略，却没有将其分解为一套切实可行的评价指标以供各院系使用。一些高校的管理者只注重表象化的排名、学科建设指标，而忽略了针对不同学科、不同专业的具体管理指标，因此造成高校人才相互之间攀比和抱怨。解决这一问题的根本途径就是高校根据自身的发展战略统筹开发评价指标并将其合理分解，使不同学科人才各自的学科领域中不断发展和提升知名度。

（二）与高校发展阶段相适应

评价指标并非一成不变的，即便高校制定了目标，并将其分解为一套自上而下的协调一致的评价指标，但随着高校内外部环境的变化，高校战略目标、组织、机构都要做出相应调整与之相适应，高校的评价指标也应划分层次，有些高校是办成世界一流的高校、有些高校只是为当地的经济发展培养人才等等。评价指标应随着高校规模和高校生命周期的不同成长阶段而进行变革，既然规定了高校人才的职责权限，那么衡量人才的评价指标及其权重也应该随发展阶段而变化。

（三）教师评价指标的完整性

合理的评价指标体系能全面反映出高校和教师的评价水平，不完整的评价指标，只能反映一个高校业务活动的局部情况，而未被反映的部分受到的重视就会越来越少甚至被忽视。评价指标缺乏完整性也会使教师采取那些更有利于改进局部指标的行动，而放弃追求整体最优。教师评价指标的完整性应体现为：既包括科研也应包括教学、既有数量指标也有质量指标。

（四）指标的层次性和可行性

评价的目的在于鼓励先进、鞭策后进，对于追求自我实现的高校人才，评价的指标应该更加宽容，使其获得事业的最大成就；对于得过且过的高校人才，评价指标应该使其工作评价达成合格。在无法鉴别高校人才的事业追求目标和工作成效时，借鉴国外高校人才评价的经验，应给予新引进人才和年轻人才明确的定量评价指标和工作指引，给予事业有成的教授和大师以学科建设、队伍建设和创新成果的评价要求。对于工科、文科、理科等不同学科的教师确定不同的带有学科特色的评价指标。从指标的可行性分析，指标应是人才经过一定的努力才能达成的。若指标太高，人才衡量之后认为经过努力也无法达成，则指标将不起激励作用；若指标太低，不需要努力也能达成，则失去了评价的激励性。因此，各高校在制定评价指标时，应尽可能进行测算，制定出可以公平、合理的衡量高校人才工作评价的指标体系。

（1）评价维度的全面性

评价体系的设计应该能够真实、全面地反映研究者的科研实力，以保证评价结果的客观有效性。研究者的科研实力不仅可以从发表论文、专利技术、科研项目等研究成果的数量上方面体现，还应该从质量上考虑到研究成果的价值所在。因此，评价系统的全面性要求全面地考虑到科研成果的类型、数量、价值。

（2）评价指标的代表性和有效性

评价指标的选择要具有一定的代表性。不同的学科可能在指标的选择上也存在着差异，要根据学科的特点选择合适的、具有代表性的评价指标。其次，评价指标要能够反映大多数人的真实意愿，需要通过集体讨论、多次修改后才能达成一致。因此，指标的选择要满足学科特点和集体意愿，具有一定的代表性。所谓有效性，指标之间相互独立、无交集，以免造成重复性的计算，影响评价结果的正确性。

（3）指标权重的科学性

指标权重的大小对最终的评价结果具有直接的影响，而且从某种程度上，可以反映机构对于各种科研成果的态度。定指标权重时，应遵循有利于科研发展、科技创新的原则，根据评价指标体系各项指标的特点，在广泛征询专家、教师和管理人员意见的基础上，采用科学的方法合理确定。本文通过对已有的多个科研力评价指标体系的分析总结，提出了一个研究者科研力评价的指标体系。这个评价指标体系适用于目前大多数的研究者科研力评价。但是在具体实施的过程中，可能需要根据具体的学科、研究者的岗位不同进行适当的调整，保证评价体系的科学性和客观性。

二、建立高校人才评价指标体系

（一）建立科学的人才评价体系

对人才培养的评价要以培养人才的创新精神、以评价促发展为根本目标，通过培养和评价的双向互动，科学地构建能体现知识经济和市场经济发展要求、又符合高校特点和人才发展规律的、具有导向性和可操作性的人才评价体系。[14]

1. 评价主体互动化

强调评价过程中主体间的双向选择、沟通、协商，关注评价结果的认同程度，使评价对象最大限度地认同正确的评价结果。要充分调动人才在评价过程中的积极性、主动性，强化人才客观认识自我的意识，充分表现自己的才能，发展自己的个性。要体现“以人为本”的主体评价的价值取向。从单纯强调评价结果的准确，转向更强调对评价结果的反馈，强调平等、理解和互动，重视人才对评价结果的认同、对原有状态的改进，注意发挥人才和管理者在评价过程中的协同作用。因此，要改变单一评价主体的现状，加强人才自评、互评、小组评价，使评价成为教师、管理者共同参与的活动。

2. 评价方式多样化

要打破传统人才评价中形式单一的现象，采取多种评价方式，探索科学、简便的评价方法。评价标准应注意对人才有统一要求，要关注个体差异以及对发展的不同需求。可采用定性评价和定量评价多种手段进行评价，除了论文、专著、获奖等以外，充分考虑其他影响教师科研力的因素，如科研项目、获奖情况、学历等，通过全面深入的评价方式，可以促进人才开放性个性和创新性意识的形成。

3. 评价过程动态化

人才的知识、能力尤其是创新能力很难通过一次考核就安全检测出来。因此，必须改变传统的“一锤定音”的终结性评价，既要关注结果又要关注人才成长的过程，有机地将终结性评价与形成性评价结合起来，实行动态的评价。评价过程中注意对评价标准的修正和完善。寓评价于日常的教育教学行为中，使评价日常化、通俗化，真正发挥“评价促进发展”的功能。动态化评价过程本身就是一个不断创新的过程，在这个过程中，人才的创新能力必将得到进一步的强化。

4. 评价结果相对化

评价不是为了排名次，而是为了促发展，不仅有“甄别”和“选拔”，而且有“促进”和“提高”。评价的结果是相对的，是作为人才培养的起点，不是提供终结性的结论。评价应体现以人为本的思想，建构个体的发展。没有个性就没有创新。要尊重个体差异，注重对个体发展独特性的认识，给予积极评价。发挥人才多方面的潜能；以自评为基础，运用先进的评价方法，不仅考察“认识”或“概念”等认知层面，而且考察“表现”等行为层面，百分制与等级制交叉运用，定量评价与定性评价有机结合，切忌“一切量化、量化一切”，要追求“没有最好，只有更好”，要激发人才的创造力，为人才的培养营造一个良好的环境氛围。

5. 评价标准社会化

随着经济的迅猛发展，社会的日益进步，人才评价标准的取向越来越社会化。江泽民同志在第三次全国教育工作会议上指出：“教育在培养民族创新精神和培养创造性人才方面肩负着特殊的使命。必须转变那种妨碍学生创新精神和创新能力发展的教育观念、教育模式，特别是由教师单向灌输知识，以考试分数作为衡量教育成果的唯一标准，以及过于呆板的教育制度。”人才培养评价的价值尺度，已经由教师表现状况、知识传授多少逐步转向适应社会发展需求、满足地方经济发展需求、符合人才自身发展需求，在实现社会价值中最大限度地挖掘自身潜力，发挥个人才能。

目前国内部分高校根据绩效评价的实际情况以及构建指标体系的原则，分别建立了各具特色的高校人才绩效评价体系，邱均平等学者[15]按照人才的品德素质、科学文化素质、专业素质、身心素质、创新素质和沟通素质 6 个基本要素，建立人才综合素质评价指标体系，每个基本要素由下列具体指标构成 。

- 品德素质：包括信息道德、社会道德、政治道德。
- 科学文化素质：包括科学知识、人文知识、参加社团、竞赛获奖。
- 身心素质：包括个性、情感、意志、身体素质。
- 专业素质：包括信息管理理论、信息管理技术方法、专业应用能力、科学方法素质、现代信息技术、外语水平。

- 创新素质：包括创新精神、创新意识、创新能力、创新实践。
- 沟通素质：包括语言表达、文字水平、沟通技能、人际关系。

这一指标体系的特点是：

（1）强调人才的全面素质与素质结构的协调均衡，在主体价值与社会价值之间，在知识、能力（尤其是创新能力）等智力因素与个性、情感、意志等非智力因素之间，以及在科学素质和人文素质之间保持协调与均衡。

（2）将“创新素质”与“协调素质”从传统素质结构中抽取出来，列为一级指标，反映了知识经济时代对人才素质的新要求，是人才素质内容的结构性变化。

（3）将“现代信息技术”和“外语水平”视作人才专业素质的构成要素。由于信息素质（Information Literacy）已成为信息时代各类人才的共同素质，而现代信息技术和外语水平是信息素质的核心构成要素，从专业区别（Identification）的意义上来说，信息素质实质上就是人才的专业素质，只不过内涵更丰富而已。当代信息管理教育的实践充分反映了人才专业知识结构形成中这两种要素的作用和影响。

（4）从测度深度上看，该指标体系提供了人才综合素质评价的框架性内容，可满足一般评价的需要。考虑到尽可能与现有学分考核评价体系衔接，尽可能多地得到直接量化指标，该评价体系还需进一步分解出多级指标。

而李彦军等学者[12]从高校人才特点出发，详细分析了高校人才评价指标的特性和设置原则，在此基础上参照 1998 年教育部启动“高层次创造性人才工程”，确定了人才评选的标准，最后通过查阅文献法和专家访谈法，最终完成了适合高校的人才评价指标体系结构的设计。该评价指标主要由 4 个一级指标构成，根据考察项的不同，每个一级指标又划分为几个二级指标，最后共有 17 个二级指标，这些指标涵盖了人才考察的各个方面，从而能够得到比较准确的考评结果。初步构建的评价指标由基本素质、知识结构、综合能力、工作绩效4个一级指标和学历层次、品质品德、专业知识、基本技能、论文著作、奖励、人才工程等17个二级指标组成，基本包括了人才评价的各个不同侧面。

表5–1　人才评价指标体系

	一级指标	二级指标	指标观测点
人才评价指标体系	基本素质	学历层次	受教育的经历、任职资历
		健康状况	身体素质、健康状况
		品质品德	自信心、事业、遵纪守法、心、责任心、道德风尚
	知识结构	专业知识	专业知识掌握、教学科研经验
		教育知识	教育法、教育心理学、高等教育学
		行业知识	专业发展趋势、行业动态
	综合能力	基本技能	外语能力、计算机能力
		表达沟通	口头表达、文字表达、沟通能力
		合作意识	合作意识、关系处理
		应变承受	判断分析能力、应变能力、风险承受能力
	综合能力	教学工作	授课学时、指导学生人数
		科研工作	主持科研项目、发明专利
		论文专著	发表论文、发表论著
		人才工程	国家级、省部级、校级
		国际交流	参加国际会议、出国进修、出国讲学
		获奖情况	教学奖励、科研奖励

资料来源：高校“引进人才评价”系统研究，李彦军，第15页

各指标具体含义为：

（1）基本素质

学历层次：反映个人受教育的经历，一般表明其具有的文化程度。例如大学本科学历、专科学历、研究生学历、博士学历等。

健康状况：包括生理健康和心理健康两方面。身体健康就有充沛的体力和精力，能够影响能力发挥、对工作的贡献。

品质品德：人才应具备正确的世界观、人生观和价值观，要具有高度的社会责任感和使命感，关心国家利益。具有遵纪守法、自觉履行岗位职责、努力做好本职工作的道德品质。

（2）知识结构

专业知识：高校人才必须具有与专业相关的各种公共基础知识、学科基础知识和专业领域知识。具备专业精深的知识外，还要掌握相关学科、相关专业的发展动态，具备综合运用知识、信息、技术的能力和跨学科的研究能力。

教育科学：作为一名高校人才，还要懂得有关教育理论，熟悉教育法规，教育心理学、教育学规律。

知识面：学科知识的高度综合要求高层次人才必须具备广博而合理的知识结构，不仅要具备坚实的本专业基础知识，而且要掌握一些自然科学和社会科学的基本知识。

（3）综合能力

基本技能：随着改革开放的深入，国际间不同文化的彼此交流日益增多，外语能力也日益成为未来人才的重要能力。同时作为重要的工具，计算机能力是当代人才必须掌握的一项能力。

表达沟通：任何行业的人才都要具备语言表达能力，无论是书面表达还是口头表达，都应做到准确、鲜明、生动、条理清晰、逻辑严密。同时也体现了高层次人才的观察能力、逻辑思维能力以及对事物的分析判断能力与认识能力。

团队合作：高校的科研活动决定了人才必须通过合作才能完成一个大型的综合的项目研究，团队成员必须具有团队意识与合作精神。而且当今世界发展的一大特点是向整体化、系统化趋势发展。

自学创新：当前社会竞争激烈，特别是知识信息对社会的发展起决定性作用的时代，学习能力异常重要，如果慢于时代的变化，必然会被社会淘汰。创新是考察人才是否可以不拘泥于已有理论和观点，善于分析和研究问题，保持独立思考，具有创新意识和敢于创造的能力，它和自学能力密不可分，相辅相成。

应变承受：知识经济时代科技日新月异，世界以错综复杂的形式展现在我们面前。各种思想、观念、信息、机会如潮水般涌来，又会稍纵即逝。这就要求人才不能思想僵化，要头脑灵活，应变敏捷，随着形势的变化及时调整自己，即要经得住社会的考验和社会压力。

（4）工作绩效

教学工作：教学工作作为学校中心工作之一，对学校学生的培养起着重要的作用。它涉及的范围相对科研工作比较广泛，如课堂教学、实践教学、教学质量、指导本科生设计（论文）、承担教学改革项目与课题等。

科研工作：高校人才在科研方面具有一定的学术水平，贡献较大，在国内同一学科中居于前列，并在国际同行中有一定影响，目前承担有较多的项目，有比较充足的科研经费、工程技术和其他实践性强的学科、专业，其科研工作应对经济发展和社会进步做出直接贡献。科学研究情况主要包括以下两个方面，即科研项目、科研经费。科研项目为主持或参与的项目类型、项目数量、在项目中的贡献情况等。科研经费指教师本人承担项目经费情况。

论文论著：在校期间发表论文等级和论文数量，撰写与本专业相关的专著，正式出版的通用教材及教学参考书的主编、主审、参编。

人才工程：符合学校高层次人才评选条件，胜任学科及学术带头人角色，在某一领域有较突出的贡献。

国际交流：高等教育国际化是国际间教育资源、教育模式、教育成果相互借鉴、吸收、融合与发展的一种必然趋势。高校人才要积极到国外进修，参加国家会议。

获奖情况：教学或科技成果鉴定获奖，分国家级、省部级、校级。

（二）图书馆提供人才评价咨询服务的讨论

在整个人才评价体系中，高校图书馆利用自身的资源、技术和人员优势，开展人才评价研究。图书馆要发挥情报服务专业优势，通过制定科学的人才评价指标体系，综合运用文献计量学方法和其他相关方法进行学术量化统计和评价，主动融入一线，拓展图书馆的信息服务领域。

积极开展学科人才发现与评价，深度了解学科人才的学术水平、科研能力及教学状况，积极发掘各学科中的领军人才，提供全面可靠的校内外学科人才信息，为高校的学科建设、人才培养、引进人才、留住人才提供决策依据。密切关注国内外的学科领军人才的流动与变化，科学合理地评价校内现有人才及拟引进的人才，使学校在激烈的人才竞争中处于积极有利地位。

1. 关于各项指标的权重系数

应用 Delphi 法进行专家咨询，根据专家的一致性意见进一步修订完善评价指标体系，确定各项评价指标的权重系数和评价标准。各项指标的权重系数为：Wi：第 i 个评价指标的权重系数；Ki：第 i 个评价指标的重要程度平均值；m：评价指数个数

2. 关于评价模式

应用综合评判法建立数学模型，并应用模糊矩阵的复合平均法来计算每个人的评定分数（当末级指标可以量化时，采用线性加法计算）。通过测评小组对评价对象的每项评价指标的评价，形成综合判断矩阵 R。根据专家对评

价指标给定的权重系数，组成权重系数矩阵 A。权重系数矩阵 A 与评价矩阵 R 的合成，得到综合评价向量 B。B 即为测评小组在各权重系数下对评价对象做出的全面评价。

3. 关于指标的量化处理

各评价指标的计算，原则上应尽量使用学生在校期间学校的各种考核分数；评价体系的各项素质内容，经过逐级分解大都可以实测计算，例如，政治道德可用政治课（毛泽东思想概论、政治经济学、世界经济与国际关系等）成绩衡量，身体素质可用体育课成绩衡量。对于一些难于量化的指标，通过等级评价转化成分数，例如，创新能力可通过发表论著、科研活动以及科技竞赛获奖情况等更具体的指标来反映，用等级评价将其转化为分数。这样将突出单项指标的作用，使综合评价较为全面且不丢失信息。

4. 关于实施方式

可成立有广泛参与性的院、系、班级三级评价小组，分学期或学年进行测评，并建立学生综合素质评价档案，将评价融入教育改革过程。制定评价工作程序，规定评价过程各环节所必须执行的工作步骤和实施细则，使指标体系得到客观公正的应用，提高评价结果的信度。设计基于模糊综合评判推理机制的信息管理人才综合素质评价系统，有效模拟领域专家根据人的感官获得不确定性信息而进行推理的综合评判过程，使人文性的定性因素得到量化，实现评价手段的现代化。评价结果显示要具有开放性，不仅向评价对象开放，有的结果还需向上级教育管理部门和社会开放，作为上级部门协调监督和社会人才招聘、投资的重要信息资源。

第三节 高校人才评价咨询服务模型

围绕着高校人才评价咨询服务内容，基于高校图书馆开展人才评价咨询服务模型大体上可以包括服务委托（需求分析、服务内容、服务工具、服务方法）、服务实施过程、服务组织、服务宣传、服务保障（人才评价指标模型、服务规范、服务评价体系等）等几部分（见图5-2）。

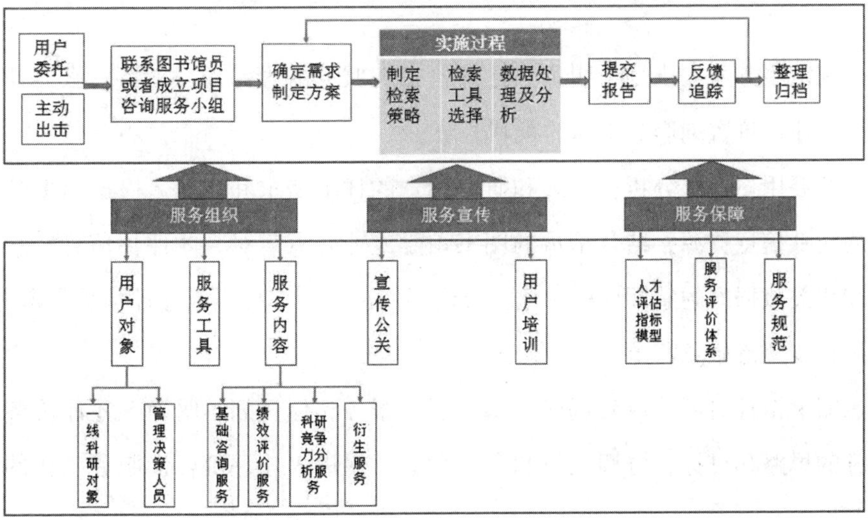

图5-2 人才评价咨询服务模型

人才评估咨询服务模型比较全面、系统，基本符合用户的需求。首先，制定服务发展规划，明确人才评价咨询服务的思路和目标，以服务计划指导人才评价咨询服务工作的顺利开展。其次，开展用户需求分析，了解和研究用户的详细需求和目标。再次，服务的宣传和推广，将人才评价咨询服务的理念、内容和方式传达给用户，同时，通过经常性服务来触发与唤醒用户的潜在的信息需求，并对其进行信息素养教育，保持图书馆员与用户之间的联系。再次，加强图书馆员团队建设，通过参考咨询服务、信息素养培训、嵌入式学科服务等方式为用户提供其他更专业的、更有深度的学科信息服务，如学科信息动态分析、科技查新，定题跟踪、学科影响力分析等等。最后，通过用户参与，在每次提供服务后通过邮件、电话访问或面对面交谈的方式了解学科用户对人才评价咨询服务的满意度和使用情况，进一步深入了解用户信息需求特点，不断完善服务功能。[16]

（一）服务计划和实施

制定服务发展规划，明确人才评价咨询服务的思路和目标，以服务计划指导人才评价咨询服务工作的顺利开展。

开展用户需求分析，了解和研究用户的详细需求和目标。根据图书馆拥有的文献信息资源，结合馆员的图书馆学专业背景、对人才评估信息检索技能和相关数据库的掌握情况，建立合作意向，为用户提供人才评估信息服务，随后初步交流服务需求。

图书馆针对需求或者调研结果，制定服务整体规划，明确人才评价咨询服务的思路和目标，协调人员和资源配置，促进人才评价咨询服务工作的顺利开展。

（1）提出委托。

由用户提出人才评价服务的委托（或者图书馆员主动发现并提出该项服务内容），可以课题形式展开工作。

（2）组织服务团队。

图书馆成立专门的项目咨询服务小组，结合馆员的专业背景，确定本次服务的具体人员，随后初步汇总服务需求。

（3）初步沟通。

与用户进行沟通，了解项目的概况，深入分析课题的研究方向和研究现状，了解和研究用户的具体目标，初步确定项目的实施方案，确定报告内容大纲、时间进度及人员安排等事项。

（4）制定实施方案。

根据课题的研究方向和用户需求，制定与该课题相适应的服务方案，即选择研究范围（国外或国内），确定研究来源（合适的数据库），制定检索策略（确定检索词、构建检索式等）等。在服务实施过程中，服务小组将与用户反复沟通，确定检索词和检索策略，选择数据源和分析工具，然后检索、获取、清理和分析数据。

（5）交换问题并修订方案。

基于服务方案得到的检索结果，与用户进行广泛深入的交流，理清关键问题，深度挖掘用户的信息需求；根据沟通情况修订和完善检索方案，使得检索结果更加符合用户的需求。此过程会反复进行，特别是遇到有待商榷的问题，应及时联系用户，共同商讨解决方案，保障服务的顺利进行。

（6）处理信息。

对所搜集到的信息进行加工处理，整理完善人才评价咨询报告。报告内容一般包括：检索目的、检索方式、检索词和检索策略、检索结果、分析结果等核心内容。

（7）提交报告。

通过邮件、服务平台等方式把人才评价咨询报告提交给用户。

（8）建立档案。

在每次人才评价咨询服务结束后，需将整个服务过程中的参考资料、难点重点问题整理归档，为后续的人才评价咨询服务提供参考。

在整个服务过程中，服务组织至关重要，图书馆不仅在服务人员、服务工具上予以保障，还要通过参考咨询服务、信息素养培训、嵌入式学科服务等灵活主动的方式为用户提供更专业的、更有深度的服务；而且要注重加强图书馆员自身学习和团队建设。[17]

（二）服务反馈

通过用户参与方式，在每次提供信息服务后通过电话访问或面对面交谈的方式了解学科用户对学科动态信息服务的满意度和使用情况，进一步深入了解用户信息需求特点，不断完善信息服务功能。

意见收集。每次提供信息服务后通过电话访问或面对面交谈的方式了解用户对人才评价咨询服务的满意度和使用情况，进一步深入了解用户信息需求特点，不断完善信息服务功能。

（三）服务宣传

服务的宣传和推广，将人才评价咨询服务的理念、内容和方式传达给学科用户，同时，通过经常性服务来触发与唤醒学科用户的潜在的信息需求，并对其进行信息素养教育，保持学科馆员与学科用户之间的联系。再次，加强学科馆员队伍建设，通过信息推送、“嵌入式”服务等方式为学科用户提供其他更专业的、更有深度的人才评价咨询服务，如学科信息动态分析、科技查新，定题跟踪、学科影响力分析等。

服务营销是让科研用户广泛了解学科化服务的有效方式。科研人员已经习惯于到图书馆或图书馆网站寻求服务，而学科馆员主动了解需求、主动为用户设计服务、主动上门服务、主动配合科学研究提供知识化服务是大多数科研用户所不了解或难以置信的。因此，要建立一套适合科研用户的信息服务营销策略，让科研用户知道、认识、接受并依赖学科馆员的服务。

（四）服务保障

1. 协助建立人才评价指标模型

总的说来，人才评价指标模型由相关部门研究和制定，图书馆协助完成。一个科学的人才评价指标应该与高校办学目标一致、与高校发展阶段相适应，必须保证其指标的完整性、指标的层次性和可行性。例如针对学者的学术成果影响力评价指标，要充分考虑文、理科不同学科的研究成果形式、数量的不同，可以分为两部分进行分析：第一部分是采用文献计量学方法，通过对公开发表的学术论文的质量及社会反响等进行综合的、定量的分析评估，以衡量人才对象在学术界的学术影响力状况或活跃程度；第二部分是依靠学科馆员开展信息收集工作，针对目标人才的学习经历评价、荣誉职务评价、教学科研评价及其他参数评价，主要是对目标人才的培养单位及所在学科专业的水平进行评估，并对其所获的学术荣誉和社会荣誉、近五年内的教学水平及其所主持的科研项目情况开展检索服务（详见第二节）。

2. 建立业务过硬的馆员队伍

人才是做好学科化服务的关键因素。面向科研机构的学科化服务效果不仅取决于学科馆员的数量，更取决于学科馆员的个人工作能力、工作态度。为了确保学科馆员的质量，规定招聘学科馆员的基本条件必须是具有学科专业背景的硕士以上学历；同时，建立了学科馆员能力提升机制，通过每年的培训、交流、服务竞赛以及服务项目推动确保学科馆员能力的持续提升。[17]

3. 制定合理的服务规范

规范的作用在于指导和约束工作的正常进行，人才评价咨询服务工作同样需要服务规范。经过一段时间的实践之后，咨询服务工作逐步探索出一些规律和经验，需要进一步加强总结和设计，加强前瞻性认识和规范管理。主要包括制定服务发展规划和年度计划，组织制定服务各项政策规范，组织学科馆员能力培训，协调不同地区不同学科方向的学科化服务工作，总结宣传学科化服务成绩与经验等。例如上海交通大学图书馆在服务普及的过程中，一方面重视服务经验的积累，不断梳理和总结服务流程与方法，建立各类情报分析服务指南，包括服务目标、范围、技术路线与流程。同时，注重报告格式的规范，规范文档包括工作规范、数据下载操作指南、报告模板和图表模板等，为开展情报分析服务提供规范与指导。另一方面，在紧跟需求的同时，图书馆制定了《人才评价报告工作规范》、《人员评估数据下载及分析操作指南》等规范与指南，确保了持续推进与发展。

制度的作用在于指导和约束工作的正常进行，学科化服务工作同样需要制度。经过一段时间的实践之后，学科化服务逐步探索出一些规律和经验，需要加强总结和设计，加强前瞻性认识和规范管理。图书馆要完善多项学科化服务指南、手册、管理办法等的编写与制定工作，包括学科化服务统计规范、基准服务指南、知识服务指南、学科馆员工作手册、学科馆员培训与能力建设指南、学科化服务白皮书等。[17]

4. 资源、技术是开展服务的坚实基础

资源是学科服务的基础，学科化服务的资源是建立在数字化和网络基础上并且以协同共享方式提供的信息资源保障体系。同时，网络为学科化服务提供了更加广泛和及时的信息资源，学科馆员不仅应依靠某个图书馆订购的资源，而且必须通过对网络信息资源的有效利用，才能更好地开展服务。

同样的，技术在学科化服务工作中的作用不可忽视。在建设用户信息环境过程中，需要大量基于计算机技术、网络技术和数字技术支持、服务平台的开发和用户指导。

5. 健全服务评价体系

对图书馆的服务进行评价是促进图书馆工作开展的重要一环，人才评价咨询服务亦是如此。图书馆在提供服务的同时，需要健全评价体系，不仅有馆员自身的评价、馆员之间的评价、也有来自于用户的评价。

服务环境、服务技术、用户需求等环境因素的变化，都可能引发学科馆员服务模式、评估体系的变迁。持续改进，不断完善学科馆员服务绩效评估体系，以图书馆为例，任何一项服务的提供过程都是前、后台工作人员行为，图书馆基础设施、系统等共同作用的结果，任何细小的服务环节都可能导致服务模式运行绩效的相异结果，因此持续改进应全方位覆盖所有服务环节，才能确保最终的高服务绩效。同样的，馆员服务绩效评估体系应遵循持续改进的发展原理，以实证调研、多渠道沟通获取的用户需求信息为指导，通过内外部环境变化审视及数据分析、管理评审方法，形成审核发现和审核结论，制定贯穿时空、服务环节的纠正预防措施，实现学科馆员服务绩效评估体系的可持续化发展。

图书馆可以通过制定学科馆员绩效指导准则、规范学科馆员绩效评估检查表、细化评估调研工作操作实践及部署评估体系实施，构建较为完善的学科馆员服务绩效评估体系。各个图书馆应实证调研，切实了解各院系学科不断变化的服务需求基础上，鼓励学科馆员主动参与评估体系设置，通过目标分解，形成学科馆员工作计划与院校战略相衔接的评估体系，并以持续改进为原则，推动评估体系的不断发展完善。[18]

参考文献

[1] 翟辰敏．图书馆参考咨询服务发展演变研究［D］．郑州大学，2015.

[2] 沈田．信息生态背景下拔尖创新人才信息素养培养研究［D］．中国地质大学，2012.

[3] 于曦，高洁．基于用户需求的高校图书馆嵌入式学科服务策略研究［J］．情报理论与实践，2014，（05）：73-76，82.

[4] 李雅．基于竞争情报理论的研究型大学科技成果统计指标体系的构建［D］．西北农林科技大学，2009.

[5] 王建军．大学教师职务聘任中的科研绩效评价研究［J］．高等教育研究，2008，（3）：6-12.

[6] 覃红霞，张瑞菁．SSCI与高校人文社会科学学术评价之反思［J］．高等教育研究，2008，（3）：6-12.

[7] 刘博．高校引进人才评价体系研究［D］．哈尔滨工程大学，2013.

[8] 吴泽辉．大力加强地方高层次人才队伍建设［J］．党建研究，2008，04（12）：6.

[9] 顾严，聂明学．国外高新技术产业人才政策现状与启示［J］．世界经济，2005，（8）：2.

[10] 孙金伟．普通高等学校教师综合评价系统的研究［D］．大连理工大学，2004.

[11] 卢珊．面向知识导航的专家库构建机制研究［D］．河北大学，2015.

[12] 李彦军．高校“引进人才评价”系统研究［D］．南京理工大学，2009.

[13] 吴冬梅．大学教师人力资源管理［M］．首都经济贸易大学出版社，2014.

[14] 杨国祥，尹家明，万碧波等主编．创新人才培养理念与模式．江苏大学出版社，2007.

[15] 邱均平，沙勇忠．论信息管理人才的培养与人才评价［J］．情报资料工作 2002，（06）：66-69.

[16] 黄龙．“学科信息动态分析”在学科建设中的应用研究［D］．南昌大学，2015.

[17] 吴跃伟．面向科研机构的学科化服务流程设计与实现——以中国科学院国家科学图书馆学科化服务为例［J］．图书情报工作网刊．2012，（08）：1-6.

[18] 陈阳．美国高校学科馆员服务绩效评估和启示研究［J］．高校图书馆工作．2016，（03）：55-58.

第六章　高校人才评价咨询服务案例研究

第一节　服务案例背景

目前国内学术界进行的各种分析评价工作包括期刊评价、机构评价、人才评价和地区评价等，期刊文献检索工具不仅反映了现阶段最新的科技创新成果，而且还能揭示这些成果被文献引用的情况，说明文献之间的相关性和影响力，特别是SCI严格而科学的选刊方法能保证其入选期刊刊载论文的学术性、前沿性及高水准，从一定程度上保证科研成果的权威性。而利用科研成果进行计量统计分析，主动发掘高校领军人才或者顶尖人才，是高校人才评价咨询服务的重要内容之一。因此，图书馆可借用这些数据库对高校学科用户开展分析研究，分析结果理应具有代表性和说服力。

顶尖人才的内涵包括以下三个方面：一是有扎实的知识功底，以及由对科学的热爱而产生的探索欲和求知欲；二是学有所长，在具体学科分支的研究中处于领军地位，形成有国际竞争力的学术团体；三是具有高尚的学术品格与人文气息，是具有社会影响力与社会认可度的“学术大师”。拔尖人才既是社会的基石，也是科技发展的主力军。因此，关于拔尖人才培养模式的探索日益成为教育教学改革的重要问题。教育部发布的《关于加强研究型大学建设增强高等学校自主创新能力的若干意见》指出，“研究型大学是培养拔尖创新人才的基地，是自主创新的国家队，是培育和发展先进的创新文化的发源地”①，进一步强调了研究型大学在拔尖创新人才培养中的重要地位。

顶尖人才发现的服务对象以需要引进各类人才或者希望寻求合作伙伴的学院和课题组为主。主要希望解决的问题包括：

（1）对一所高校而言，其学科人才的分布结构；

（2）不同学科的团队分布状况；

（3）发现并评价高校领军人才或全球顶尖人才。

国内学术界利用 SCI、SCOPUS 等数据库平台进行各种分析评价工作，揭示高校学科人才的分布结构、不同学科的团队分布状况，其中非常重要的一项内容是研究和发掘全球顶尖或领军人才。

北京大学图书馆与北京大学科学研究部合作、依托教育部重点课题项目的“面向基础与交叉学科的科研战略发展热点研究”课题，研究和发掘中国高校及北京大学各学科领域的前沿热点。按照课题研究的需求，图书馆先后完成了发动机实验、超导、高温材料、激光器、可燃冰、忆阻器等若干方向的热点态势分析。[1]其中，图书馆以文献计量方法为基础，充分利用图书馆的多种数字资源和分析工具，采集并分析各研究领域的科研人员的发文表现、被引频次、合作情况等多维数据信息，并据此定位各领域领军人物，追踪重点人才，为管理层面的引进人才决策提供支撑。

图书馆针对需求或者调研结果，制定服务整体规划，明确人才评价咨询服务的思路和目标，协调人员和资源配置，促进人才评价咨询服务工作的顺

① 教育部关于加快研究型大学建设，增强高等学校自主创新能力的若干意见，教技［2007］5号.

利开展。

第二节　服务模型实施

一、提出委托

北京大学科学研究部提出咨询服务的委托，依托教育部重点课题项目的“面向基础与交叉学科的科研战略发展热点研究”课题，研究和发掘中国高校及北京大学各学科领域的前沿热点、各研究领域的科研人员的发文表现、被引频次、合作情况等多维数据信息，并据此定位各领域领军人物，追踪重点人才。

二、组织服务团队

图书馆由研究支持中心牵头，中心全体馆员成立专门的项目咨询服务小组，并结合馆员的专业背景，确定每个科研领域的服务人员，随后初步汇总服务需求。

三、初步沟通

由主管馆长、中心主任带队，与科学研究部工作人员进行沟通，了解该课题概况，深入分析课题的研究方向和研究现状，了解和研究用户的具体目标，初步确定项目的实施方案，确定报告内容大纲、时间进度及人员安排等事项。

报告批次	时间进度	报告内容
第一批	2016. 10. ＊－	发动机实验、光合作用、碳材料、移动通信、超导
第二批	2016. 12. ＊－	高温材料、阿秒激光器、合成生物学、太赫兹、可燃冰、可见光通讯、激光加速器、碳基集成电路、车载电池、亿阻器、催化、高分子

表 6-1　报告批次及进度安排

四、制定实施方案

“激光器”领域近十年来一直保持着强劲的发展势头，当前，国际上激光器的发展正处于新一阶段的快速发展时期，中国、美国、日本、德国等国家起到了领军作用。其中，“激光器”领域中国的总体竞争力很强，中国科学院、清华大学、华中科技大学、国防科技大学、山东大学、浙江大学、北京大学的研究实力非常突出。

（一）选择分析的内容

分析“激光器”领域的全球研究人员构成及其领军人物定位。

（二）数据获取与处理方法

根据课题的研究方向和用户需求，制定与该课题相适应的服务方案，即选择研究范围（国外或国内），确定研究来源（合适的数据库），制定检索策略（确定检索词、构建检索式等）等。在服务实施过程中，服务小组将与用户反复沟通，确定检索词和检索策略，选择数据源和分析工具，然后检索、获取、清理和分析数据。

1. 检索数据源及分析工具

检索数据源：WOS 核心合集、Scopus、CNKI

分析工具：InCites、ESI、SCIVAL、Innography、Gephi

2. 数据指标选取依据

（1）根据热点领域确定检索关键词：

确定方法一：搜集领域核心人物的文章，对其文章关键词进行聚类，找出高频词（对于特别大的领域，例如“激光器”，需要重点关注北京大学的标杆人物研究的方向，以这个方向的热点关键词作为检索词）

确定方法二：浏览领域综述类文章（CNKI 或其他中文学术搜索），了解国内外该领域技术的最近进展和研究方向

确定方法三：选择领域的几种高品质期刊，对期刊中近 5 年的文章进行关键词聚类，找出高频词

确定方法四：利用 INNOGRAPHY，SCOPUS 或 ESI 等的趋势分析功能，直接分析出该领域的研究热点

上述方法应选择两种，以便对关键词进行校验。个别学科还需要利用对标机构进行分析。

（2）根据热点领域确定年代范围：

新兴领域一般为 10 年，基础研究领域一般为 30 年（基础学科要求 1980 年以来），具体年代范围的确定需要看看该领域北大的研究人员最早的发文年（事先请学校科研管理部门提供年代范围）

（3）国家分析指标：

按发文量、引文影响力、被引频次、被引百分比等四个指标（最好 4 个指标都使用，如果 4 个指标的排名都是这些国家的话，可以只选用 2~3 种，下同；各个指标都使用的时候，只用标出选用指标的那列数值，不需要把其他各列数字也都标出，例如用发文量，就只列出机构和发文量，其他被引量、引文影响力之类的几列数都删去，保持表格清晰）前 20 位的国家，如果中国

不在前20，需要标出中国的排名。

（4）机构分析指标：

发文量、高被引、引文影响力、被引百分比等4个指标的前20~50位的国家，如果北京大学不在前50，需要单独标出中国的排名。

选取机构数量的原则是，在这些机构里最好能看到北大以及中国的其他几个大学或机构，比如清华大学，中国科学院大学，上海交通大学，浙江大学之类的，因为要了解中国高校的整体情况。注意：机构名称需要细化到大学，机构名称翻译成中文。

（5）人员分析指标：

按发文量、引文影响力、被引频次、被引百分比等4个指标（最好4个指标都排）前20位的作者，如果中国不在前20，需要标出中国的排名。注意：作者名称需要全名，还需要通讯作者中的作者机构信息。

根据所分析的热点领域中北大的人员、机构分析。若北大在该领域中的排名靠前，表现较好，需要单独对北大所有的数据进行分析，分析北大的前20的人员。

3. 检索式及检索策略

主题= fiber laser or laser oscillator or laser pulse or ＊＊＊＊＊or laser diode or semiconductor laser or attosecond laser

4. 数据集

用上述检索策略在WOS核心合集中检出文献4＊＊＊＊篇，其中北京大学文献3＊＊篇。

5. 部分检索页面展示

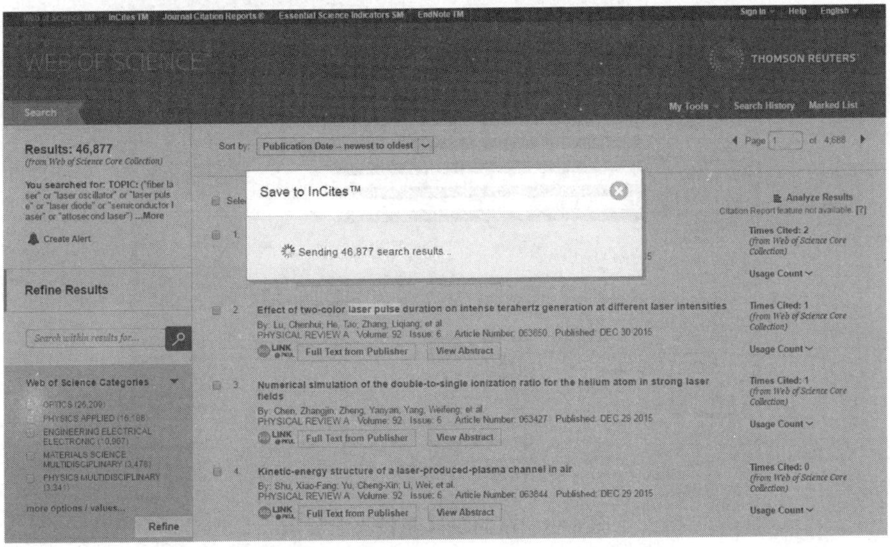

图 6-1 检索策略得到的记录保存到 InCites

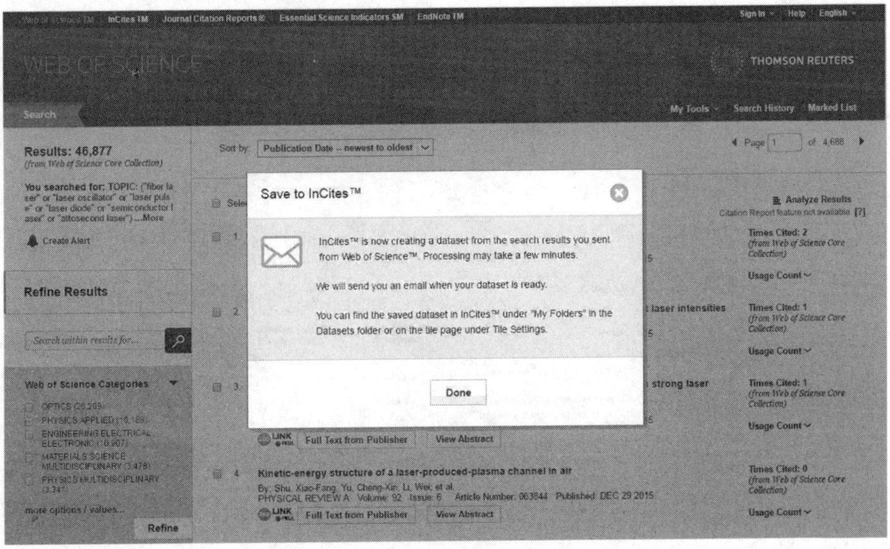

图 6-2 InCites 提示信息

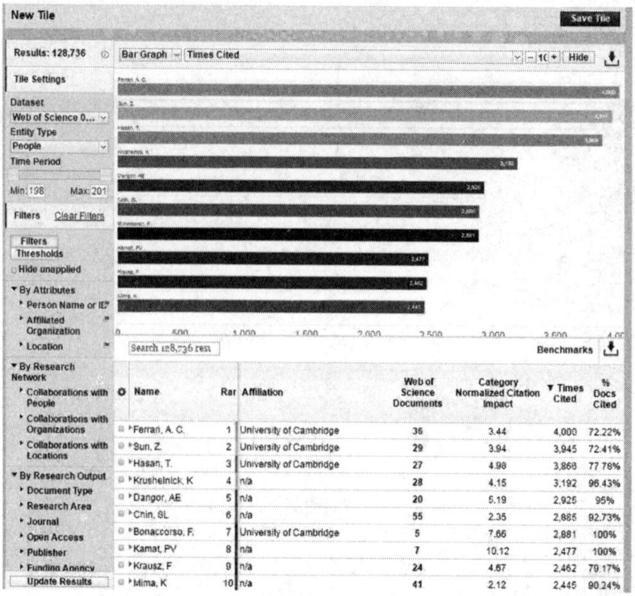

图 6-3　在 InCites 里按人名展示

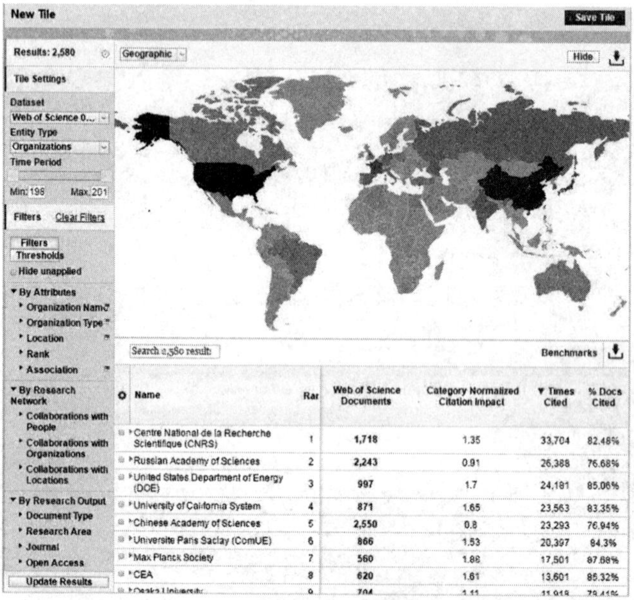

图 6-4　在 InCites 里按机构组织展示

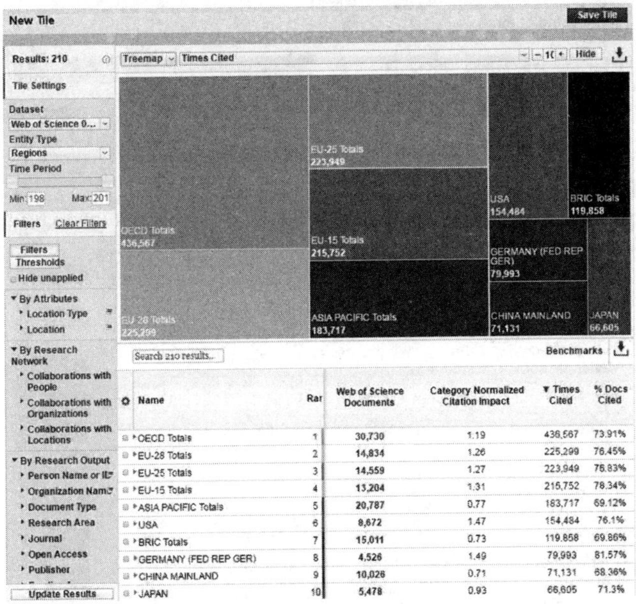

图 6-5 在 InCites 里按国家/区域展示

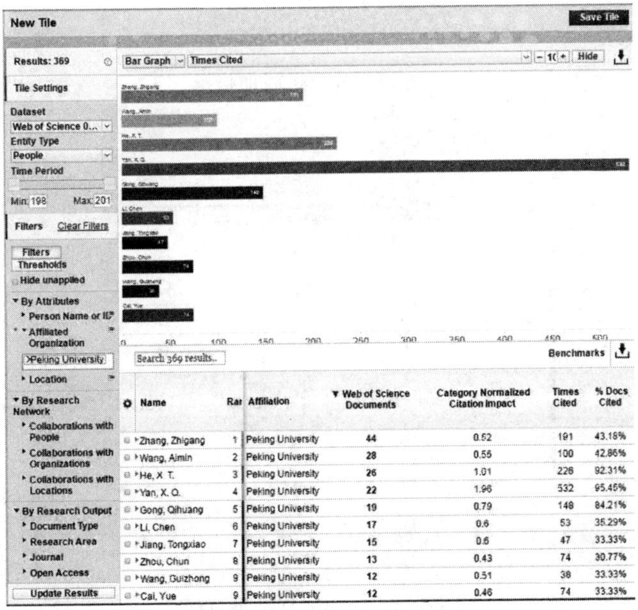

图 6-6 在 InCites 里按 Affiliated Organization = Peking University 展示

图 6-7　InCites 添加指标

Name	Rank	Affiliation	▼ Web of Science Documents	Category Normalized Citation Impact	Times Cited	% Docs Cited	% Highly Cited Papers	H-Index	Highly Cited Papers	International Collaborations
Zhang, Zhigang	1	Peking University	44	0.52	191	43.18%	0%	7	0	2
Wang, Aimin	2	Peking University	28	0.55	100	42.86%	0%	6	0	0
He, X. T.	3	Peking University	26	1.01	226	92.31%	0%	8	0	13
Yan, X. Q.	4	Peking University	22	1.96	532	95.45%	4.55%	8	1	12
Gong, Qihuang	5	Peking University	19	0.79	148	84.21%	0%	8	0	7
Li, Chen	6	Peking University	17	0.6	53	35.29%	0%	5	0	0
Jiang, Tongxiao	7	Peking University	15	0.6	47	33.33%	0%	4	0	0
Zhou, Chun	8	Peking University	13	0.43	74	30.77%	0%	3	0	1
Wang, Guizhong	9	Peking University	12	0.51	38	33.33%	0%	3	0	0
Cai, Yue	9	Peking University	12	0.46	74	33.33%	0%	3	0	1
Chen, J. E.	9	Peking University	12	2.38	426	91.67%	8.33%	7	1	5
Jiang, Hongbing	12	Peking University	11	0.47	71	90.91%	0%	5	0	4
Li, Peng	12	Peking University	11	0.18	15	27.27%	0%	3	0	1
Chen, Lingling	14	Peking University	10	0.53	70	30%	0%	2	0	1

图 6-8　InCites 某结果页面

（三）交换问题并修订方案

基于服务方案得到的检索结果，与用户进行广泛深入的交流，理清关键问题，深度挖掘用户的信息需求；根据沟通情况修订和完善检索方案，使得检索结果更加符合用户的需求。此过程会反复进行，特别是遇到有待商榷的问题，应及时联系用户，共同商讨解决方案，保障服务的顺利进行。

1. “激光器”领域全球领先研究人员科研产出情况

排名	作者姓名	来源机构	文章数
1	Harun, S. W.	Universiti Malaya马来亚大学	201
2	Ahmad, H.	Universiti Malaya马来亚大学	188
4	Zhou, Pu周某	National University of Defence Technology- China中国国防科技大学	97
6	Zhang, J	不详	89
3	Xu, Zhizhan徐某	Chinese Academy of Sciences中国科学院	84
7	Ueda, K	不详	82
7	Hu, Lili胡某	Chinese Academy of Sciences中国科学院上海光机所	82
9	Wang, Xiaolin王某	National University of Defence Technology-China中国国防科技大学	80
10	Tuennermann, Andreas	Friedrich Schiller University of Jena德国耶拿席勒大学	72
11	Dong, XY	Nanyang Technol Univ新加坡南洋科技大学	71
12	Lin, Gong-Ru	National Taiwan University台湾大学	70
13	Limpert, Jens	Friedrich Schiller University of Jena德国耶拿席勒大学	67
4	Li, Ruxin李某	Chinese Academy of Sciences中国科学院	64
14	Xu, Xiaojun	National University of Defence Technology-China中国国防科技大学	60
15	Mahdi, M. A.	Universiti Putra Malaysia马来西亚博特拉大学	57
15	Lin, GR	Natl Chiao Tung Univ, Inst Electroopt Engn, Hsinchu 300, Taiwan	57
17	Lu, Peixiang陆某	Huazhong University of Science & Technology华中科技大学	56
98	Zhang, Zhigang张某	Peking University北京大学	34
265	Gong, Qihuang龚某	Peking University北京大学	25

表 6-2 “激光器”领域全球领先研究人员（按发文量）（部分展示）

注：由于 InCite 中人员机构识别等原因，同一位学者可能处于不同排名，本次研究粗略的取其最好名次。下表同。

2. “激光器”领域全球领先研究人员科研影响力情况

排名	作者姓名	机构	被引频次
1	Krausz, F	不详	7676
2	Kienberger, R	Max Planck Inst Quantum Opt马克斯普朗克研究所	4661
3	Drescher, M	Vienna Univ Technol维也纳科技大学	4447
4	Corkum, PB	Natl Res Council Canada加拿大国家研究理事会	4197
5	Hentschel, M	Vienna Tech Univ维也纳科技大学	4161
6	Heinzmann, U	不详	3786
7	Scrinzi, A	Vienna Univ Technol维也纳科技大学	3765
8	Uiberacker, M	Vienna Univ Technol维也纳科技大学	3364
9	Villeneuve, DM	Vienna Univ Technol维也纳科技大学	3115
10	Krushelnick, K	Vienna Univ Technol维也纳科技大学	2920
11	Baltuska, A	Vienna Univ Technol维也纳科技大学	2846
12	Spielmann, C	不详	2771
13	Ferrari, A. C.	University of Cambridge 剑桥大学	2767
14	Sun, Z.	University of Cambridge剑桥大学	2746
15	Dangor, AE	不详	2674
16	Chin, SL	Univ Laval拉瓦尔大学	2658
17	Goulielmakis, E	Vienna Tech Univ维也纳科技大学	2562
18	Hasan, T.	University of Cambridge剑桥大学	2558
19	Agostini, P	CEA, France.	2350
20	Krausz, Ferenc	Max Planck Society马克斯普朗克研究所	2279
238	Hu, Lili胡某	Chinese Academy of Sciences中科院上海光机所	812
303	Xu, Zhizhan徐某	Chinese Academy of Sciences中科院	697
697	Yan, X. Q.颜某	Peking University北京大学	423
909	Lin, C.	Peking University北京大学	358

表 6-3 “激光器”领域全球领先研究人员（按被引频次）（部分展示）

3. “激光器”领域全球领先研究人员合作网络和关系

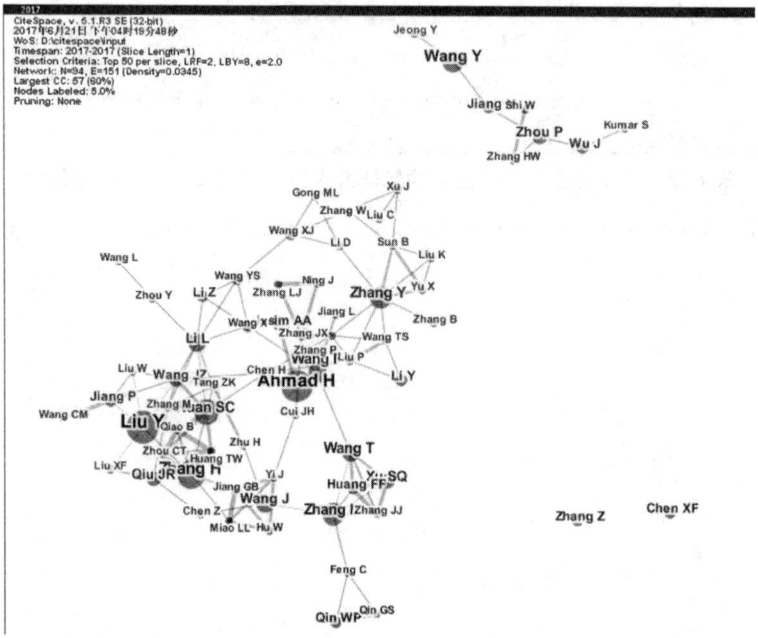

图 6-9 激光器领域全球领先研究人员合作网络和关系（部分展示）

五、结果与分析

从研究人员分析数据可以看出，中国科学院、中国国防科技大学和东南亚一些大学的研究人员在发文量和被引频次的表现方面占据了绝对的优势。

其中中国研究人员在激光器领域的表现非常突出，有中国科学院院士徐某、中国国防科技大学周某、华中科技大学陆培某等学者，其发文量均进入了全球前20，说明中国在该领域出现了领军人物。

该领域北京大学的研究人员在各个指标上均排名靠后，信息科学技术学院的张某、物理学院的龚某、颜某等学者在该领域有所表现，但不够突出。北大要想在激光器领域获得好的发展，必须大力投入和扶植现有的研究团队和团队中的研究人员，或者加大与国内重点机构的合作力度，并考虑引进杰出人才。

通过该结构菜单，可以浏览到论文数量最多的核心作者、进入竞争优势领域论文数最多的作者、被引频次最多的作者，从而可以发现核心作者，留住或挖掘优秀的人才。

六、整理完善人才评价咨询报告

对所搜集到的信息进行加工处理，整理完善人才评价咨询报告。

（一）报告体例和格式[2]

• 摘要：总结整个热点研究，即整个报告中所有分项结论的一个汇总：该热点大致形成时间，权威国家、机构和人，中国和北大在其中的地位如何？该热点的研究趋势如何？

• 第一部分：数据分析

图表分别连续编号，表标题写在表格上方，图标题写在图形下方；

每个表中只列出跟对比相关的数据，其他数据无须列出（例如比较发文量，其他被引数、引文影响力等不要列出）；选择 CNCI 作为指标时，要限制发文量多少篇以上的（根据学科选择前二分之一或前三分之一）；

图表最好选择多种输出形式（可视化）；

表中北京大学的数据一律用红色标出，如果表中没有，要在表格最后另加一列标出北京大学的排名和数据，也应用红色标出；

要对每个图表的数据进行分析和归纳。

- 第二部分：趋势分析

选一种来源做趋势分析，但需要对趋势进行整理和分析，列出 5-8 个明确的趋势，并对这几个趋势进行概要说明（例如这个热点的文献数、领先的机构或人物等，或者通过访谈学科专家寻求关于这个热点的解说）。

（二）提交报告

通过邮件、服务平台等方式把人才评价咨询报告提交给用户。

（三）建立档案

在每次人才评价咨询服务结束后，需将整个服务过程中的参考资料、难点重点问题整理归档，为后续的人才评价咨询服务提供参考。

第三节 问题和解决方案

在整个热点研究过程中，在项目实施过程中问题和难点并存，馆员们不断探索，解决了一个个难题。

首先，在确定分析角度这个问题上，进行了广泛的讨论，选取哪些指标、或者说从哪些角度来分析这 15 年数十万篇论文才能够得出正确的结论呢？馆员们针对实际问题，灵活应用发文表现、被引频次、篇均被引、合作情况，积极引入专利情况对比分析……争取利用多维数据信息，立体展现研究人员的整体表现情况，达到准确定位和挖掘各领域领先人才的目标。

其次是在整个课题研究过程中，由于馆员们缺乏深度的领域专业背景，而且本次研究尚未启用更复杂的、需要算法和人力支持的共被引分析，因此馆员们对某一特定领域的领先人才的判定可能不够准确，需要学科领域专家的参与，事实上我们也确实获得了学科专家的专业解答和帮助。

第三，我们通常是通过作者地址字段对论文进行归属机构识别，而数据库中存在部分不完全规范的署名地址，例如机构名称拼写出错、机构英文名称未采用通用翻译或者简写而缺少必要信息等，这些对通过文章识别作者造成了困扰。对于这类数据，大都是通过人工识别的方式进行干预，浪费了较大的人力和时间。

最后，目前针对学者的科研力评价一般采用学术论文方面的数据，例如期刊论文、会议论文等；而对于其他形式的科研成果，如专著、专利、研究报告等涉及较少。然而对于部分学科领域，这些形式的科研成果对于学者同样具有重要的意义。因此如果想要更为全面地评价学者的科研产出和影响力，则应全面收集整理这些数据，并与管理部门的统计数据相结合，补充到评价体系中来。

该项工作计划在每年的固定时间段开展一次，通过每年的追踪测定，更加清晰的反映各研究热点的发展、变迁、突破以及各学者在其中贡献的发展态势。北京大学图书馆通过热点研究课题，也为学校今后人才队伍建设的决策提供了有力的数据支持；同时，用数据证明了引进人才对提升学术影响力的作用。对学校人事部门、科研部门、研究生院、学科办都具有十分重要的意义，采用统计数据客作为参考依据，可使学校管理决策的建立更加科学合理。

参考文献

[1] 刘姝，张春红，肖珑．基于计量分析的高校人才评价咨询服务．已完稿. 2017.

[2] 张春红等．《热点研究报告要求》内部文件. 2015.

第七章　展望

人才作为机构中的主体，其科研能力的高低直接决定着机构的科研力水平和后续的发展能力。图书馆通过提供人才科研力评价服务，能够客观分析研究人员的科研产出和影响力、对比同领域研究人员的水平，激励研究人员的科研热情，促使科研人员辨别自己的优势、劣势，对机构甚至社会整体科研水平的进步具有积极的影响；除此之外，人才科研力评价分析有利于机构识别科研队伍中的优势力量，在科研资源的整合和分配上具有一定的指导作用，使科研资源得到充分的利用。另外，人才科研力评价为人才的职位晋升、薪酬分配以及科研队伍中的优秀人才引进提供了重要的依据。因此，评价分析人才的科研力水平，对于促进机构科研团队的建设、保证机构的持续发展具有十分重要的意义。

当前，现行建立在高校高层次人才选拔、培养基础之上的人才评价标准不太全面、评价机制尚不健全。要么过分注重管理目标，忽视人才个体的特殊性和主观能动性；要么片面理解以人为本，不能对人才的能力和业绩进行有效管理。评价内容相对简单，局限于对教学、科研和人才培养业绩的定量考核，缺乏对人才综合素质和能力潜质的定性分析；评价标准单一，简单学历加职称，过于强调教学、科研成果的数量，忽视质量等。但是不管标准框架如何，作为标准之一的科研业绩成果，都需要得到专业、权威、客观的认证及分析后纳入到评价标准中来。因此，图书馆结合文献计量学知识，站在第三方的立场上，客观公正地分析人才的业绩成果，使其出具的报告具备独立性和前瞻性，这不仅是对人才评价工作的重要支撑，同时也是图书馆深层次服务的重要组成部分。

一、立足优势，实时对接需求

在过去的十几年中，学科馆员的服务模式从参与馆藏建设和参考服务转型到为教师和学生提供增值和组合的延伸服务，从关注馆员工作到关注学者工作，并基于学者需求和成果指标制定图书馆参与战略，而用户需求则是推动这一服务模式变革的原动力：以用户需求为依据，着重精选评估那些与用户切身利益联系密切、高附加值的服务领域；通过实证调研，切实了解各学科不断变化的资源需求服务需求，提出针对性改进方案，在完善服务模式的同时更新评估方法工具；促进馆员与用户的沟通交流，建立完善信息收集平台，多途径聆听用户的意见和建议，构建院系与学科馆员间相互理解、信任、宽容、支持的合作关系；深入分析影响和制约馆员服务绩效发挥的关键因素，不断提升联络院系对学科馆员的服务满意度。

开展人才评价咨询服务的首要原则是始终以用户需求为出发点。对图书馆来说，可以利用学科化服务已得到普遍认可这一契机，在审视职能部门现有服务的前提下，立足自身优势，选择学校亟待解决的课题，作为人才评价咨询服务起步阶段的重点工作。

在人才评估咨询服务中，准确把握用户需求是主动服务和精准服务的基础。然而用户很可能缺乏充分沟通的时间，因而提前了解科研评估政策及相关动态非常重要。在日常工作中，图书馆员需要关注校内外科研评估政策，包括学校的科研管理办法、科研成果奖励办法、重要岗位申请条件、职称晋升条件等，以及从国家到地方各级各类重点科技基地、重点学科和高层次人才计划等申请条件；跟踪其变化情况，了解学校的发展规划以及学科建设及科学研究方面的近期重要工作安排，以便提前做好准备，找准用户关注、需求迫切的工作切入点，适时推出相关服务。

近年来大学图书馆注意以用户需要为切入点，收效明显。例如图书馆为某学院提供的《学科研究态势分析报告》，正是抓住该学院正在准备学科评估这一契机，针对学院急需了解国内顶尖高校学科研究态势、顶尖人才分布等的分析数据的需求，学科馆员提出免费开展计量分析工作，并受到学院的委托，最终工作收到良好成效，还带动了该学院的一系列学科服务工作。随着国家对科研绩效评估的重视，ESI受到普遍关注，高校院系领导层常会关注本校或本院系各学科表现以及学者贡献度分析等内容，图书馆主动与职能部门联系提供相关资料，并提供诸如《学者对ESI学科被引贡献分析报告》等；同时抓住机会主动沟通，多次修改计量指标及分析方法，逐步得到管理层的认可。[1]

二、精益求精，建立服务规范

一方面，在服务普及的过程中，重视服务经验的积累，不断梳理和总结服务流程与方法，建立各类人才评估咨询服务指南，包括服务目标、范围、技术路线与流程。同时，注重报告格式的规范，规范文档包括工作规范、数据下载操作指南、报告模板和图表模板等，为开展人才评估咨询服务提供规范与指导。

另一方面，在紧跟需求的同时，不断深化与完善分析指标体系，提升服务效能和服务品质。有不少图书馆在实践过程中，先后制定了《人才评价报告工作规范》、《人员评估数据下载及分析操作指南》等规范与指南，确保了服务有条不紊地持续推进与发展。以机构人员学术影响力分析为例，一般评价指标体系涵盖学术研究活跃度和学术研究影响力这两个一级指标，每个一级指标又分别包含三个二级指标和若干参数。但是对于人才引进前的评估，评估目标是确定研究人员是否值得引进，其中涉及较多与标杆人员和标杆机构的数据对比。因此，有图书馆在评估报告中创新性地设计了引进人员“学术坐标定位图”，以“期刊论文发文水平”和“期刊论文被引水平”作为评价参数，通过气泡定位图的形式直观反映研究人员的学术地位，得到了学校人力资源部门管理决策者的广泛认可。[1]

另外，由于学科馆员服务中多方涉及面向教研人员的调查及面谈，为确保调查及面谈等的高效开展，服务团队对此过程中的询问重点亦有规范性要求，根据对象的不同，学科馆员职责评估调研可分为一般教研人员调研及资深教研人员调研，前者用以获取教研人员对学科馆员服务的感知和评判类信息，该类调研中的评估标准化提问内容包括：用户通常的信息来源；教学/研究过程中偏好使用的信息媒体格式；经常使用的学科馆员服务项目；未被满足的信息服务需求；所注意到的学生在信息素养方面的差距；科研支持服务的评估情况后者调查可以帮助馆员从更高角度出发，获取关于学科领域趋势类、前瞻性信息，该类调研中评估标准化问题可以包括：作为该领域专家，能够预见到哪些学科领域内的发展趋势？认为学科馆员提供的支持服务是否充分有效，如不是，存在哪些服务缺失？认为学科馆员应考虑提供哪些潜在服务以满足学科领域的未来需求，如数据管理、基金项目写作等。

三、统筹规划，完善服务机制

人才评估咨询服务的实施主体是图书馆员，对于面向院系科研人员团队层面的服务主要可以由相应的学科化服务团队负责完成，而对于面向科研决策人员的较高层面的服务由于项目规模较大，报告完成周期较长，则一般由图书馆统筹规划，根据项目的类型和特点，灵活抽调、组织图书馆员成立专项课题服务小组共同完成。因此，建立完善的人才评估咨询服务的组织机制，设计合理的服务实施流程，是服务有效开展的重要保障。

高校图书馆开展人才评估咨询服务的一般实施过程为[1]：首先，由用户提出人才评估咨询服务的委托；然后，图书馆成立项目咨询服务小组，并与委托方确定的主要联系人进行沟通，深入了解委托项目的概况，从而初步确定项目的实施方案，包括确定报告内容大纲，时间进度及人员安排等事项。在接下来的服务实施过程中，服务小组还将与委托方反复沟通，确定项目的检索词和检索策略，选择检索的数据源和分析工具，然后检索、获取、清理和分析数据，最终向委托方提供总结报告，并给出恰当的建议和结论。

特别对于目前各个学校多校区的实际情况，人才评估咨询服务组建专职与兼职相结合的服务团队，采用跨校区、跨部门协作方式开展工作。服务团队在馆领导的直接指导下，由总馆研究支持部门、数据支持部门、资源建设部门，甚至联合各分馆馆员组成。馆领导负责面向校领导、职能部门领导和院系领导等高层面的工作联络及服务宣传；总馆研究支持部门负责工作的整体协调，职能部门的日常联系、咨询解答、服务推广、读者需求及意见搜集等工作，全校性及综合性计量分析工作，以及负责各自联系学院的服务宣传、推广、读者需求及意见搜集，以及与学院相关的计量分析工作；数据支持部门负责数据比对、数据挖掘、系统建设等技术支持工作；资源建设部门参与高影响力国际学术期刊投稿指南系统等数据库建设工作。为了提高团队服务水平，工作中注重人员培训和业务交流。采用“请进来、走出去”的方式开展人员培训，一方面邀请公司为馆员开展计量工具及计量方法的培训；另一方面派人员参加校内外有关会议，学习计量分析方法及实践经验，拓展工作思路。在馆内不时开展计量分析工作的经验分享和工作研讨，相互学习共同提高工作技能。

在日常工作中，图书馆领导和各个部门充分利用各种机会展示图书馆的工作能力，同时采用多种方式进行服务成果的宣传，并建立了立体式服务推广工作机制。首先，在图书馆主页可以设置人才评估咨询服务专栏，作为网上服务和宣传阵地。服务栏目下既集中了学校学者论文统计分析年报、ESI 各学科表现分析、高被引论文作者分析等持续性工作成果，也包含“学科服务动态”、学校最新 SCIE/ SSCI/AHCI 论文等动态信息，同时突出“高影响力国际学术期刊投稿指南”等科研人员关注的服务。[2]

四、协同开拓，融入核心工作

在提供人才咨询服务的过程中，除了根据项目灵活组成各类型分析团队，发挥不同学科背景和特长的学科馆员间的协作外，还应加强需求机构和学科馆员间的协作。例如，在对数据库进行检索阶段，请机构指派的联系人或项目组指派的硕博士生辅助学科馆员共同制定检索策略、分析提纲，并对实施过程中取得的阶段性成果进行不定期汇总与汇报，形成科研人员、管理决策人员和学科馆员反馈互动的良性循环机制，由此推进图书馆服务的不断完善发展。[1]

在参与核心工作中争取为用户提供更好、更适合的方案或者指标体系。例如推进以人为本，采用“改进而非证明”的绩效评估方法。为进一步推动学校教师的专业化发展，哈佛大学采用了“not to prove but to improve”即“改进而非证明”的绩效评估方法。学校通过对教师个人的年度总结、学生评价、管理人员评价及同行评价等进行综合，比较客观地对教师的年度各方面表现进行综合性评价。不过，这些评价的目的不是为了展现教师的表现，而是为了协助教师更加清楚地了解自身的优劣得失及其原因。哈佛大学还会根据评价结果帮助教师制定专业发展计划，来实现教师的专业成长，从而形成了一个通过绩效评估来激励本校人才成长的机制。这种严谨科学又蕴含人性化的定期绩效评估十分有助于被评估者的专业化未来发展。[3]

五、熟练掌握计量用数据库及计量指标

科学合理使用各种计量用数据库都有其特有的数据来源、时间范围、学科分类和计量指标，也存在一定的优势和不足。

例如 ESI 数据库共有 22 个学科类别，其中涉及人文科学、社会科学、自然科学和工科等。由于学科分类的不均衡，ESI 不完全适用于人文科学的评估，用于其他学科的横向比较也存在一定缺陷。由于评价对象学科、年龄等差异，其学术成果及影响力的表现形式也会有所差异，在计量指标选择时也需要注意。例如：SCI /SSCI /AHCI 期刊论文是理科高水平研究成果的重要表现形式；但对于人文、社科类学者而言，除 SCI/SSCI/AHCI 期刊论文之外，一些学者提出通过更开放的数据获取渠道来得到学术产出的数据，更多地考虑地域性的数据来源，例如各国家/地区具有影响力的期刊、高水平著作、《中国社会科学》等国内权威期刊论文、《新华文摘》等重要文摘期刊转载，以及被各级政府采纳的咨询报告等也是文科高水平研究成果的重要衡量指标；由于研究年限长，年长学者的总被引量、篇均被引量、H 指数等通常会优于年轻学者。因此，需要熟练掌握各类计量用数据库及计量指标的特点和优劣，了解其适用面，根据评价的目的和导向性，考虑评价对象的学科、身份、年龄等特点，合理选择评价指标，科学使用数据库。[2]

六、建立存档机制，建设数据存储系统

目前一些图书馆目前缺乏存档机制，人才评价服务过程中的计量分析数据分散在工作人员的工作用机中，不利于数据的复查、共享和复用。今后需要建立计量数据的存档机制，保证有价值数据的长期保存。

一方面应建立工作规范，明确存档数据的类型、存档数据集的标引规则、

存档时间及保存期限等要求；另一方面应建设计量数据存储系统，实现对存档数据集的标引、存储、检索和长期保存。计量数据存储系统应包括保存学校各类科研成果的机构知识库，以及管理各种存档数据集的计量数据管理系统。前者面向全球或面向全校开放，较为完整地保存校内科研成果，不仅可以为计量分析工作提供资源收录完整、数据标引规范、便于校内共享利用的数据来源，而且通过开放存取可以提高学校的学术影响力，为开展人才评估咨询服务提供重要支撑。后者是计量分析工作内部使用的系统，不仅具有数据集的存储、检索等功能，还应具备数据集的版本管理功能，可建立原始数据、中间数据和最终数据之间的联系，便于数据复查。机构知识库中除了收录科研成果信息外，还可以增加成果被收录引用信息，通过接口自动显示科研成果被权威数据库收录和引用情况。机构知识库和计量数据管理系统应通过交互实现数据共享和数据同步。开展计量分析工作时可以直接从机构知识库中下载数据，作为初始数据存储在计量数据集管理系统中；经过清洗和补充完善后生成的新数据则成为中间数据或者最终数据保存在计量数据集管理系统中，同时也可以上传至机构知识库，使其数据更加准确和完善。[2]

七、加强馆员的针对性培训，培养专业人员

针对馆员人才评价服务能力的培训目标包括四个方面：①确保馆员全面了解服务的基本理论、技术和实践，理论知识水平显著提高，形成完整的工作计划；②使馆员系统掌握用户研究和需求分析的方法，学科服务规范与评价的策略，设计有针对性的服务；科学、合理、有效进行学科资源建设；掌握信息素养服务工作；③通过系统培训和思想启蒙，使学员能将所学思想、方法和工具切实应用到工作实践，推动所在图书馆人才服务咨询服务的创新和飞跃，进而体现高校图书馆新的价值和作用；④提升服务人员的团队协作意识和能力，强化积极向上的工作态度，增强职业责任感和使命感。

人才评估咨询服务内容丰富，涉及咨询服务、读者培训、学者科研绩效评价等诸多服务项目。单就学者科研绩效评价等定制服务而言，其服务流程复杂，包括明确服务需求、选择计量指标、选择数据库、获取数据、清理数据、分析数据、综合分析结果、撰写报告、展示评价结果等步骤，需要应用多种信息分析方法，还涉及用户沟通、服务推广等工作内容。

同时，人才评估咨询服务对于服务人员的要求较高，加强人员培训是提高服务质量的重要环节。人才评估咨询服务培训的内容包括工作规范和工作要求、文献计量相关理论与方法、计量用数据库使用技巧、计量指标选择、数据清理方法、数据分析方法与相关软件使用技巧、报告撰写技巧、结果可视化呈现方法、用户沟通技巧、读者培训技巧及宣传推广技巧，等等。由于工作涉及面广，要求每一位馆员都掌握所有工作技能不太现实，可以将工作任务进一步细分，针对馆员所承担的工作内容进行针对性培训，进一步提高馆员工作技能，促进计量分析工作的专业化。

参考文献

[1] 付佳佳，范秀凤，杨眉．高校图书馆开展情报分析服务的框架体系与实践探索［J］. 图书与情报，2014，(05)：26-29.

[2] 刘颖，刘霞．高校图书馆计量分析服务实践探索——以武汉大学图书馆为例［J］. 情报理论与实践．2015，38（7）：92-96.

[3] 陈旭峰．普通高校海外高层次人才引进对策研究——以华侨大学为例［D］. 华侨大学，2013.